40代でシフトする働き方の極意

佐藤　優

青春新書
INTELLIGENCE

まえがき

本書で、タイトルにあえて「40代」を打ち出したのには理由がある。個人に運、不運があるように、世代にも運、不運があるからだ。その意味では、バブル崩壊後に成人となり、就職氷河期を経験した40代は、運が悪い世代なのである。このいちばん苦しい状況におかれている40代の人に焦点を当て、生き残りのために実践的な指針を示すことで、他の世代の人にも役立つ内容の作品になったと自負している。

われわれは資本主義社会の中で生きている。この与件を外すことはできない。資本主義は労働力の商品化なくして成立しない。労働力が商品化されれば、そこから必ず搾取が生まれる。ソ連崩壊後、資本主義の発展が社会主義革命によって阻止されるという危険がなくなったために、資本家は躊躇なく労働者を搾取できるようになった。その結果、日本においても中産階級が急速に没落している。その矛盾が日本では格差の拡大という形で現れている。日本社会の状況を、中央大学文学部の山田昌弘教授（社会学者）はこう分析する。

格差拡大が指摘されて久しいわけですが、日本では、とくに中流と下流の格差拡大が深刻で、上流となる富裕層はほとんど増えていません。つまり、中流生活を維持できるか転落するかという状況にあり、格差が下のほうへ拡大しているのです。

１９９０年頃までは「中の上」と「中の下」の格差だったものが「中」と「下」の格差になってしまいました。高度経済成長を経験した親の代の格差はどちらも中だったわけです。たとえば、片方は高級車を買えて片方は軽自動車しか買えないという程度の格差でした。けれども１９９０年頃以降の子の代になって、車が買える人と買えない人の格差になってしまったのです。住居にしてもそうです。親の代までは東京23区内に一戸建てを買える人と郊外のマンション一戸を買える人の格差だったものが、持ち家をもてる人ともつ見込みがない人の格差になってしまったということです。

そもそもリスク化して下降移動するのは、親が経済的に弱い人が多いのです。

たとえば、飲食店や豆腐屋さんといった零細自営業者の家族の場合、親の代までは大規模小売店舗立地法（大店法）などの規制緩和もなく、うまくいっていたのだけれども、規制緩和されたあとの子どもの代は商売が行き詰まってしまう。親の代はチェーン店やスーパーマーケット、コンビニがない時代で、高度経済成長にのって自営業の経営は順調でした。擬似的に「収入の年功序列」が自営業でも生じたといってもいいでしょう。けれども、その後継ぎの子の代になったとたんに、もう中流生活を維持する収入が得られなくなってしまったわけです。
工場労働者にしてもそうです。１９９０年頃までは安定しているように見えました。いまの70歳前後の親たちは、学歴が低くても正社員となって家も買えたのです。親の世代にも、もちろん格差はあったのだけれども、その格差が小さかった。しかし、親の代の小さな格差が子の代で「レバレッジ」がかかって大きくなってしまった。親の時代の見えなかった小さな格差、気にならなかった程度だったものが、子の代に見える大きな格差となって表面に現れてしまうということです。
こうした状況は「階層の固定化」といえるものですが、この問題は20年ほど前からいわれています。

私も山田氏と認識を共有している。底辺に転落し、社会の下層に入ってしまうリスクを大多数の人々が抱えているというのが日本社会の現状だ。われわれには、自分が下層に転落するリスクがあるという現実をあえて見ない傾向がある。今までは、親に寄生する、借金するなどで、そのような現実を誤魔化すことができたかもしれない。しかし、そのツケが回り始めている。この状況を冷静に認識して、現実的な対策を立てなくてはならない。

（山田昌弘『底辺への競争――格差放置社会ニッポンの末路』朝日新書、２０１７年、84～86頁）

多くの人々が下層に転落しつつあることは、当事者の自己責任ではない。この点についても山田氏の以下の指摘が重要だ。

下降移動については「自己責任だ」ということがいわれがちです。けれども、100人いて1人や2人の問題なら自己責任ともいえるでしょうが、現在の100人いて何十人という社会になると自己責任論はナンセンスとしかいえません。個人の努力では解決不可能なほど、下降移動する人たちの数が増えているのです。

ちなみに、「移民が悪い」「自由貿易が悪い」と主張する大統領を誕生させたアメリカの「トランプ現象」は、アメリカでも自己責任論がきかなくなってきたことを意味しています。狭量な時代になったともいえますが、アメリカはそもそも格差が大きく、文化的にも自己責任だといって放置してきた問題について、それが通用しなくなっているのです。

（前掲書86頁）

たしかに現在の社会構造には大きな問題がある。構造を変化させる努力は必要だ。しかし、世界的規模で起きているグローバリゼーションがこのような問題をもたらしているのだ。アメリカやヨーロッパと比べれば、日本の状況の方がまだましかもしれない。グローバリゼーションに伴って起きた新自由主義的弱肉強食の論理からの軌道修正が、国家の経済過程への介入によってなされると、ファシズムに親和的な体制が生まれるリスクがある。いずれにせよ、政策的に八方塞がりなのが現下の日本社会なのである。

このような状況を憂えているだけでは何も変わらない。社会構造を変化させる必要性を認識するとともに、自分が生き残っていく努力をすることが重要だ。会社に潰されてしまうことなく、人間関係に過度の緊張をもたらさず、上手に生き残って行く方策について、私の考えを率直に記したのが本書だ。仕事、勉学、恋愛、家族関係などについて悩んでいるすべての人に役立つ具体的指針を、本書から読みとってほしい。

本書を上梓するに当たっては、月刊『BIG tomorrow』編集部で本書のベースとなった連載を担当していただいた赤羽秀是氏、私の内在的論理を熟知しているフリーランス編集者兼ライターの本間大樹氏、青春出版社プライム涌光の岩橋陽二氏にたいへんにお世話になりました。感謝の意を表明します。

2017年11月7日、曙橋（東京都新宿区）の自宅で愛猫のタマを抱きながら

佐藤優

40代でシフトする働き方の極意――目次

第1章

40代からの「働き方」

第2章 40代からの「発想力」

第3章

40代からの「リーダーシップ」

第4章

40代からの「人脈と友人関係」

第5章

40代からの「時間の使い方と学び方」

第6章

40代からの「人づき合い」

第7章
「豊かな50代」は40代のすごし方で決まる

※本書は、月刊『BIG tomorrow』誌の連載「佐藤優のサバイバル！40代」を基に加筆・再構成したものです。

企画協力　本間大樹
カバー写真　Shutterstock
帯写真　坂本禎久
本文ＤＴＰ　センターメディア

第1章

40代からの「働き方」

管理職への選別は意外に早く終わっている

40代は、いろいろな意味で人生の分岐点となる時期だと思います。私自身、42歳だった2002年に鈴木宗男事件に関連し背任容疑で逮捕され、大きく人生が変わりました。その後東京地方裁判所で執行猶予つきの判決を受け、2009年、49歳のときに刑が確定すると同時に外務省の規定により失職となりました。

その間に執筆活動をスタートさせ、現在は作家としての人生を歩んでいます。自分自身としても、40代はまさに激動の時期でした。どんな形かは人それぞれですが、40代に何らかの人生の転機が訪れることは多いようです。

日本の大企業の場合、20代から30代前半までは表立った競争は少なく、給与も横一線です。それが30代なかばからは競争が明確になり、チームリーダーや主任など中間管理職に昇進する時期と給与に差が出るようになる。45歳くらいで一応出世競争の決着がつきますが、そこから50歳くらいまでの5年間は、部長のイスを巡っての競争が待っています。さらに数年以内に、今度は役員になれるかどうかの競争がある。

ご存じの通り、役員になれるのはほんのひと握り。仮に部長まで進んだとしても57、58歳くらいのところで役職定年がある場合が多い。多くは子会社に出向することになるはずです。そう考えると、企業で最後まで勤め上げることができる人はごく少数で、多くは競争に敗れて会社を離れることになる。

いま多くの大企業は、30代ですでに幹部候補を絞り込んでいるとか。そのほかの社員のモチベーションを下げさせない狙いがあるためか、基本的に会社はそのことを公にしません。表向きは40代なかばまで管理職ポストの競争が続いているように見せかけるのです。

もはやレースは終わっているのに、昇進、出世の叶わぬ夢を描きながら、40歳を過ぎても競争に勝ち残ろうと必死で仕事を続ける——。そんな切ない現実があるわけです。そう考えると、このイスとりゲームに参加して、時間と労力を費やすリスクについても考えなければいけません。まずはそうした現実があることを直視したうえで、40代以降の仕事の方向性や取り組み方を考える必要があります。

大企業などでは、50歳を過ぎたあたりでキャリアデザイン研修があるそうです。その研修は40代以降のベテランも参加するのですが、その研修の意味合いは、「40歳以降のキャリアには、会社に残る以外の選択肢もある」と意識させることにあるといいます。

会社には右肩上がりの時代のような余裕がなくなってきているのと同時に、組織のフラット化が進んで以前のように多くのポストを用意できないという事情があります。ポストや昇進を社員のモチベーションにすることが困難になってきている。だからこそ、キャリアパスを自ら選択し、デザインする意識と能力を社員に持ってもらわなければならない。特に幹部候補から外れた社員には、さまざまな選択肢を意識してほしい。このような企業の思惑が見え隠れしています。

本当の意味での「働き方改革」とは

いきなり夢も希望もないような話のように聞こえるかもしれませんが、私はむしろ、働く人たちの意識を変えるチャンスでもあると感じています。

当たり前ですが、管理職になることが成功ではないし、管理職になれないことは失敗でも負けでもありません。たとえば、トップの成績を上げた営業マンが管理職になった途端に精彩を失ってしまうことはよくあります。現場で営業活動をする能力と、チームをまとめ上げるマネジメント能力はまったく違うもの。これは単純にその人の能力うんぬんの問題というよりも、適性の問題です。

幹部候補選抜を早々に受け、管理職のラインに乗った人とそうでない人の違いは、その人の能力ではなく年次などの運や適性の違いにすぎない。能力と適性を混同して、いたずらに自分を責めたり自信を失ったりする必要はないのです。

いま政府が掲げている「働き方改革」は、一億総活躍社会を目指して時間外労働の削減や労働生産性の向上、女性や高齢者の活用などを目標にしています。聞こえのいい言葉が並んでいますが、その本音には直面する少子高齢化と労働人口の減少に対応して、より合理的に労働力を確保、活用したいという意図があります。

政府や役人が考えるこのような上から目線の改革とは別に、私たちは個々で仕事に対する向き合い方や意識を変革し、本当の意味での「働き方改革」をする必要があります。管理職、マネジメントの方向に進むにしろ、現場で自らのスキルを生かして一線で働くにしろ、これからは自分で選択し、主体的にキャリアをデザインしていく。会社の基準や価値観に合わせるのではなく、自らキャリアのストーリーを描きながらライフプランと人生の目的に合わせた仕事の仕方を考えるのです。

そのとき、40代が一つのポイントになります。20代はとにかく目の前の仕事を覚える。

30代は会社組織の一員としてひたすら成果を出すことに努める。しかし40代になったら、自分の能力と適性についていま一度振り返るべきでしょう。そして、これから自分が進む道をしっかり絞り込む必要があります。

そこであらためて軌道修正をするなり、そのまま今の働き方を続けるなり、一つの結論を導かなければなりません。その客観的な尺度となるのが、40歳の時点で会社の課長以上の管理職になっているかどうか。30代でクリアしている人は、少なくとも会社から管理職としてのキャリアを期待されていると考えていいでしょう。

しかし40歳を過ぎてクリアしていない人は、自己評価はどうあれ会社としては管理職の適性を評価していないと考えられます。もちろん業種や職種によって差はありますが、少なくとも45歳で管理職になっていない人の挽回はまずないととらえておくべきです。

基準が厳しいと感じるかもしれませんが、評価というのは他人がするものであり、自分の思いとは関係ありません。会社の評価が厳然としてある以上、それに対応して働き方を変えていく必要があるのです。「会社はわかってくれない」とか、「自分の力を評価しようとしない」とグチを言ったところで何も始まりません。

大事なのは、たとえ会社がそのように評価したとしても、それは自分の絶対的な能力が低いのではないということ。その会社は、管理職としての適性を評価していないということにすぎません。そのような現実を見極めたうえで、自分でどう動くかという主体的な判断と選択が重要なのです。

仕事が忙しく頑張っている人ほど危険!?

会社の評価に影響されない働き方をしようとするなら、仕事の方向性を自ら設定する必要があります。本業に影響が出ない範囲で副業を始める、50歳で転職や独立を目指すなど、ストーリーを立てて戦略を練るのです。

一番怖いのは、漫然と40代をすごしてしまうこと。目先の仕事の忙しさに流され、それをこなしているうちに気がつくといつの間にか50歳。管理職の道は閉ざされ、給料は一向に上がらない。50代からは転職も独立起業もさらに難しくなります。

もちろん、毎月の給料のためにどんな仕事も環境も我慢して会社にしがみつくのも、自分のなかで完全に割り切れるなら一つの選択でしょう。ただし、我慢に我慢を重ねて働いたとしても、おそらく会社がまともに面倒を見てくれるのは60歳まで。一応、希望者には

65歳を定年とするよう政府は義務づけていますが、60歳から65歳の労働環境はかなり厳しいはずです。以前の部下に「○○さん、これコピーとっておいて」などと言われ、雑用係になってしまう可能性も十分にある。このような現実が待ちうけていることも覚悟しなければなりません。

これからの時代は、そうやって働いたとしても退職金が出るかどうかはあやしい。そもそも、退職金という制度は終身雇用、年功序列といったかつての日本型雇用のなかで生まれた特異な制度です。退職金の額は勤続年数が15年から20年を過ぎたあたりから一気に跳ね上がる仕組みになっており、それは終身雇用制を前提としたものです。

若いころの報酬は少ないものの、仕事人生の後半にそれを取り戻すというシステムで、右肩上がりの高度成長のころはこのモデルが有効でした。

しかし、いまや低成長にあえぎ、グローバリゼーションにさらされるなかで、かつてのような終身雇用を前提にはできなくなりました。今は国も企業も率先して人材の流動化を進めています。すでに退職金の一部を401kなどの確定拠出年金に回したり、在職期間中の能力をポイント化して、それによって評価する「ポイント方式退職金制度」などが登場したりしています。我慢に我慢を重ねても報われないという現実があることは、おそらく読者のみなさんもよく知っていることでしょう。退職金も、今後はなくなる方向に進んでいくというのが私の見立てです。

キャリアの転機は早い方がいい場合も

むしろ、40代でキャリア上のつまずきがあった方がいいこともあります。

たとえば40代なかばで自分の望まない部署に転属させられた、思いがけず出向させられたなど、現実に直面し将来を考えざるを得ない状態に追い込まれた方が、本人のその後にとってはプラスになるかもしれません。

前述したように、50代になって梯子を外されるように肩を叩かれても、もはやどうすることもできません。子どもの教育費も必要だし、家のローンも残っている。転職しようにも年齢制限で面接すらしてもらえない。あったとしても収入は激減……。もはや、必死に会社にしがみつくしかありません。

自分なりのキャリアの積み上げ方を検討するコツは、考え方を柔軟にしておくこと。思い込みをできるだけなくし、さまざまな可能性を考えてみることが大切です。

たとえば私が面白いと思うのは、大企業に勤めている人が思い切って中小企業を狙うという方法です。それも地方の中小企業が面白い。地方には、経営者が非常に優秀で、自社の強みを最大限生かしながら独自の経営戦略で勝ち残っている隠れた優良企業、オンリーワン企業が意外に多くあります。

厳しい競争にさらされ、株主からの利益に対するプレッシャーも高い首都圏の大企業より、ユニークで魅力的な商品を生み出し、独自の経営を進めている企業が地方にはある。そしてそういう企業は、人材や後継者を喉から手が出るほどほしがっていることがあります。そこでは人材を大切にし、個々の能力を尊重してくれるはずです。

興味があり、自分の適性が合うのであれば、むしろそのような地方の中小企業で第二の人生、セカンドキャリアが花開く可能性がある。たとえばあなたが東京で働いているとして、首都圏以外の出身であれば、生まれ故郷の周辺にそんな優良企業がないか探してみる。あるいは奥さんがいるのなら、奥さんの生まれ故郷でもいい。

ひとくくりに地方といっても、その状況は多様化しています。ネットニュースのネガティブな情報、過疎化している地域の情報だけで地方には仕事がないと判断するのは早計なのです。地方のハローワークには意外に求人があったりするし、地元なら口コミでいい企業がないか探してみるのも手でしょう。

転職のリスクを過小評価しない

こうした地方自治体の制度を利用しながら、地方で第二の人生をデザインするのも非常に面白いと思います。少なくとも、会社に生殺与奪の権を握られ、給料も減らされ、閑職に追いやられながら、定年までの時間を費やすだけの仕事より、はるかに希望があり精神衛生上もいいはずです。

ただし、30代から中間管理職になることができているなら状況は違います。そういう人は管理職として、あるいは将来の幹部候補として会社から評価されていると考えていい。だとすれば、よほどその会社がイヤだとか、マネジメントが苦手でない限り、その会社で頑張ることをおすすめします。キャリアを築くにははるかに有利だし、合理的です。よほどのことがない限り、会社を解雇されることはないでしょう。

そういう人にとって怖いのが、さまざまな誘惑です。他社からの引き抜きや、起業する人たちから「一緒に仕事をしないか」と誘われたりする。今の会社より給与が上がるとか、ゆくゆくは取締役や社長もありうるとか、いろいろな形のオファーがあるでしょう。

私から見ると、すでに会社のキャリアパスに乗っているのであれば、下手な冒険をする必要はないように思えます。もちろんケースバイケースであり、個人の自由ですから、最終的にどのような判断をするかは自分の裁量でしょうが、今の世の中で転職や起業などがうまくいく確率はけっして高くありません。

特に〝うまい話〟には要注意。現在の社内での評価や仕事の状況が悪くないのであれば、慎重に行動すべきだと私は考えます。

住居と子どもの教育費の二者択一

特に40歳以降、真剣に考えなければならないのはお金のことです。まず、自分の現在の仕事で、将来的にどれだけ収入が上げられるかを計算してみてください。現在の年収をもとにして、5年後、10年後にどれくらい稼いでいるか？　それと併せて、自分や自分の家族にかかるお金がいくらなのか、必要になるお金をあらかじめ計算しておきます。

ちなみに、労働政策研究・研修機構の「ユースフル労働統計２０１６」の試算によると、男性の生涯賃金（退職金を含む）は大学・大学院卒が2億8510万円、高校卒が2億2900万円、中学卒が2億60万円となっています。

またリクナビNEXTが2016年に発表したデータによると、40歳ビジネスパーソンの平均年収は471・6万円。正規雇用と非正規雇用で分けると、正規雇用は535・2万円、非正規雇用はその約半分の246・7万円でした。

さらに、平均年収の推移を別の統計で見ると、1997年の467万円をピークに減り続け、ここ数年は多少持ち直しているものの、2015年度は420万円と全体に右肩下がりが続いています。

年収が右肩上がりだった2000年以前までは、家を買って子どもを私立に行かせても何とかなりましたが、これからは難しい。特に都市部の場合、住宅を買って子どもの教育費を減らし、私立をあきらめて公立にするか、あるいは住宅をあきらめて子どもの教育費に回すか、二者択一が迫られているような状況です。

実際、その選択に悩んでいる夫婦が多いのではないでしょうか。なかには、子どもを私立中高一貫校に通わせたはいいものの、住宅ローンが払えず家を売ってしまったり、泣く泣く子どもを転校させたりするケースもあるそうです。

今は小さくても、そうした問題は必ず顕在化するので、自分たちの収入と支出を見極めて早めにその舵取りをすべきです。そうしないと、あとで金詰まりになってとんでもない状況に陥る危険があるのです。

シングルを貫く人は相応の覚悟が必要

「自分は独身だから気楽でいいよ」と考えている人も多いかもしれません。

しかし私から言わせると、実は一番危険にさらされているのがシングルの方です。独身貴族などという言葉は以前の話。特に都心部に多いですが、一見自由を謳歌しているように見えても思ったほどお金に余裕がない。それどころか、実はほとんど貯蓄がないというシングルも多いのです。

先ほども触れたように、年収が昔のように伸びないということもあります。それから男性の場合はとかく支出が多くなりがち。飲み代だけでもバカになりません。誰もいないマンションやアパートに帰っても仕方がないと、行きつけの飲み屋やバーに寄る。気がつくと、お酒を飲まないと家に帰って眠れない状態になることもあります。

それから、特に都心には誘惑も多いもの。キャバクラや風俗などにハマってしまうと、何十万というお金があっという間に消えてしまう。さらに怖いのがギャンブルです。競馬でもパチンコでも、気分転換のつもりがいつの間にかのめり込んでしまいかねません。

シングルの自由さは、同時にストッパー的な存在がいないということでもある。注意したりアドバイスしたりしてくれるパートナーがいないのは、大きなリスクだとも言えます。怖いのはお酒にしてもギャンブルにしても風俗にしても、シングルの場合は依存症にまで行きついてしまうリスクが高いことです。

依存症的になると当然支出が増え、毎月の収入だけでは足りなくなり借金に手を出してしまう。借金が100万円を超えたら黄色信号です。そこからは200万円、300万円とあっという間に増えてしまう。収入の多くを返済にもっていかれてしまうようになると、もはや転落への一本道です。

結婚は人生最大のセーフティネット

40代で独身だという人で、もし将来は結婚したいと考えている人がいたら、悪いことは言いません。今すぐ結婚に向けた具体的な行動を起こすべきです。つき合っているパートナーがいないという人は、結婚相談所へ行く。1年から2年以内に結婚すると決意し、真面目に結婚を考えている人たちと真剣にお見合いをするのです。

バツイチで、しかも子どもがいる女性を選ぶという手もあります。躊躇する男性がいるかもしれませんが、そのような女性は人生の苦労も、子どもを育てる大変さもよく知っていることが多いもの。それだけに、自分たちの新しいパートナーを非常に大切にします。30代後半の女性であれば、あなたとの間に子どもをつくることもまだ十分可能です。

「経済的に豊かでもないのに結婚なんて」と考える人もいますが、私から言わせればそれは逆。自分の生活基盤、家庭を築くことは一番のリスク回避策なのです。一人だと何かと無駄な支出が多く収入も限られますが、パートナーと頑張ることで新たな活路が開けます。

仮に男性の年収が350万円、女性が250万円だとしたら二人で600万円。600万円あれば、ぜいたくを望まなければ首都圏でも十分生活できます。

大きいのはパートナーの収入だけではなく、その家族や人間関係も大きな力になってくれる可能性があること。配偶者の実家や兄弟の協力、支援を何らかの形で得られるかもしれません。今までの自分にはない新しい人間関係が広がることで、人生のさまざまな可能性と選択肢が増える。これは大きなことです。

パートナーの実家近くに転居してそこで新たな仕事を見つけ、第二の人生をスタートさせることも可能です。都会の真ん中での孤独なシングル生活に疲れ、限界を感じている人も少なくないでしょう。自分の人生を見直し、仕切り直しをするうえで、結婚は大きなきっかけになるはずです。

老後の生活を現実のこととして考える

自分は生涯独身だと決めている場合は、独身でいることのリスクを認識しておき、そのうえでこれから老後をどう迎えるのか、しっかり考える必要があります。

シングルを貫く人には、配偶者や子どもなど、もしものとき支えになってくれる人がいません。不自由になった場合、自分を助けてくれるのは親、お金、友人の三つだけ。この三つがどうなっているか、そして将来どうなるか、しっかり確認しておく必要があります。

親はずっと生きているわけではないので、親の金を当てにして生活することには限界があります。ならば自分のお金、つまり貯蓄はどれくらいあるか。シングルの人ほど多くの貯金が必要です。仮に体が不自由になり、介護を受けなければならない状況になった場合、お金がある人とない人では受けられるサービスに雲泥の差が出ます。

私がよく話すのは、シングルだろうが結婚していようが、将来の自分をシミュレーションするなかで、老後お世話になるかもしれない介護施設やサービスをしっかり確認しておくことです。

家計経済研究所の2016年の調査によると、在宅介護にかかる費用は月額平均約5万円。そのうち、介護サービス利用分は1万6000円となっています。あくまで平均値なので、それぞれ要介護の度合いなどによって開きがあるはずです。

有料老人ホームなどに入るとしたら、どのくらいのお金が必要になるでしょう? 基本的には入居一時金と月額料金が発生します。その料金はまちまちですが、たとえば東京の場合、入居金ゼロの場合で月額20万円から40万円というところが多いようです。あなたの地域の施設にどのようなものがあるか、ネットで検索して調べてみてください。

そのほかに、シニア向け分譲マンションやケアつき高齢者住宅などがあります。これにはさらに多くのお金が必要で、入居一時金に数千万円から高いもので数億円が必要で、月額利用料金は数十万円。明らかに、富裕層に限られたものだと考えた方がいいでしょう。

いずれにしても、特に将来体が不自由になったときのことも考えて、今から情報を頭に入れておくことです。特にシングルの人は家族の支援を得ることが難しいという現実を念頭に、これらのサービスについてよく知っておく必要があります。

いくらくらいの施設だと、どのくらいのサービスを受けられるのか。そのためには、どれくらいお金を準備しておく必要があるのか。

なんだか暗い話で気が滅入る？　でも、どんな人にも老後は確実に訪れます。シングルでも計画的に頭金を何百万円か貯め、70歳くらいになったらしっかりしていて環境のいい有料老人ホームに入る。箱根や草津などの温泉場には、そんなに高くなくて環境のいいところがあります。

介護や支援体制の整ったところで安心して生活し、そこで自分の好きな趣味や勉強に思う存分集中する。また、地域のコミュニティや互助活動が活発な地域は全国に結構あります。それを調べてから、その周辺の施設を狙うのもいい。けっして暗い話ではなく、むしろ前向きで建設的な話なのです。

共同生活をするなど自由な発想を

もし独身の友達や仲間が多いという方がいるなら、面白いと思うのが有志を集めての共同生活です。仲間数人でお金を出し合い、マンションやアパートを買ったり、借り上げたりして共同生活を送るシニアの人たちがいます。地方であれば、かなり安く買うことも可能でしょう。

そうやって本当に気の合う仲間が何人か集まり、自分の部屋はそれぞれ確保し、共有スペースはお互いルールを決めて使う。そのほか、生活の約束ごとなどをしっかり決め、いざとなったらお互いが助け合う。そういうネットワークやコミュニティ、場をつくるというのも面白い試みだと思います。

相性の合う人を集めて、そんな話を40代くらいから皆で話し合ってみる。セックスの要素が入らなければ異性がメンバーになってもいいかもしれません。今までにない生き方、老後のあり方、相互扶助のあり方を自由に模索してもいいと思う。そういうことを提案できれば、それは一つの企画力であり立派なリーダーシップでもあります。

このように、40代で考えておくべきこと、やるべきことはたくさんあります。私がこうしたことをしきりに強調するのは、これからの時代、誰の人生にも厳しい現実が訪れる可能性があるからです。仕事や家庭との向き合い方、シングルで生きるのか結婚するのか、結婚しているなら子どもをつくるかつくらないか、子どもがいるとしたら教育費をどのくらいまでかけるのか、住宅は購入するのか賃貸にするのか、などなど——。

人それぞれに状況が違うし、正解は一つではありません。ただ言えるのは、40代という非常に大きな節目を自覚的にすごすべきだということです。どんな状況であれ、自分と自分の置かれている環境を見極めたうえで、方向性を定めながら、やるべきこと、必要なことをしっかりこなしていく必要があります。

それはリスク管理であると同時に、新しい生き方や考え方を探るという意味で非常に建設的な試みでもある。先ほどの共同生活もそうですし、地方での第二の人生をスタートさせるのも同じでしょう。これまでの価値観や先入観に縛られず、さまざまな生き方や考え方、そして仕事の仕方を考える。40代は、その意味で大いに思考実験を繰り返し、可能性と選択肢を広げる世代でもあるのです。

「働き方」を考えるための本

『老後破産 長寿という悪夢』

NHKスペシャル取材班／新潮社

今後さらに深刻化する日本の大問題

誰もが例外ではない「老後破産」の現実を描いた渾身ルポ。現在一人暮らしの高齢者は600万人ともいわれる。そのうち約200万人は蓄えもなく、年金でギリギリ生活している状況だ。病気になり介護が必要になると、生活は破たんする。高齢化社会のなかで、「老後破産」に直面する高齢者が急増している。同時に、生活保護受給者に対しては「もらいすぎでは」という社会の風当たりも強くなっている。

少子高齢化が急速に進むなか、年金・医療・介護といった社会保障給付費は、国民所得額の30％以上を占めている。2030年には1.7人の現役世代が65歳以上の高齢者1人を支えることになるという。さまざまな点で、高齢者の現実はどんどん厳しくなっているのだ。年金受給などの点で、最も恵まれているといわれている世代でさえこの状況である。そうだとすれば、今40代、50代の人の状況はさらに厳しいものになるだろう。

第2章

40代からの「発想力」

感性の衰えは気づかないうちに進行する

若いころは苦労してやっていた仕事が、今は楽にできる――。そう感じる瞬間がありませんか？　仕事に対して体が自然と動くようになる。やたらと時間がかかっていた作業が短い時間でこなせるようになったり、四苦八苦していた企画書も簡単につくれるようになったりしてきた。入社10年以上のベテランなら、自分の成長を実感できて当然でしょう。

ところが、実はそれこそが30代後半から40代ビジネスパーソンの落とし穴である可能性もあるのです。何事も慣れたときが一番危険です。そこで油断が生まれ、自分の力を過信したり仕事を甘く見たりしてしまう。その結果、思わぬ失敗をしてしまうことがある。

もう一つの危険は、変化や成長がそこでストップしてしまうこと。目の前の仕事を楽にこなせるようになると、えてして人はそのやり方に安住し、新たな挑戦をしなくなりがちです。しかも中間管理職になると、組織の一員としてはそれなりに格好がつきます。下手に冒険せず、これまで通り仕事をこなす方が無難だと考えるのも当然でしょう。

その結果、思考力や発想力が鈍化してしまう。考え方が保守的で固くなり、柔軟さを失ってしまうのです。どこの世界でも同じですが、入社したときは瑞々しい感性を持ち、やる気に満ちているのに、30代、40代とキャリアと年齢を重ねるうちにすっかり組織人になってしまう。

ある程度は致し方ないにしても、怖いのは自分の会社や組織では通用しても、そこを離れると使い物にならない人物になってしまうこと。いつの間にか、自分の頭で考えて行動することができない「受け身人間」になってしまうわけです。

理想的なのは、仕事が楽にできるようになったと感じたら、自ら次のステップに進む。新しいことに挑戦し自分に負荷をかけることで、さらに能力を高められます。

自分は何を求められているのか

ただし、会社や組織が期待する仕事と自分の考えるステップアップにはどうしてもギャップが生まれます。会社には独自のルールや人事がある。ほかの人たちと違った仕事の仕方をすると、「あいつは何をやっているんだ?」「調子に乗っているんじゃないか?」などと目をつけられかねません。

私が外務省にいたとき、それまで役所が取り組んでこなかったインテリジェンス・チームを立ち上げ、大いに成果をあげました。チームリーダーとして私自身は仕事に真面目に向き合い一生懸命頑張っていたのですが、やがて周囲の反発を招き、結局それが鈴木宗男事件に連座して私が逮捕される遠因になりました。

前向きな姿勢が仇になってしまうこともある。大事になってくるのはバランス感覚です。組織の慣習や風土、会社の人事や上司、部下との人間関係など、それぞれの状況を見極めたうえで最適解を見つけ出さなければなりません。

40代以降に実力を伸ばしている人を見ると、意識を自分の会社内に置くのではなく、営業なら営業、企画開発なら企画開発という仕事のなかで、必要な能力やスキル、自分の足りない部分について常に考えています。

そういう意識があれば、日常のちょっとした仕事でも取り組み方が変わってくるはず。目立ったことをするのではなくとも、時間の使い方、仕事の詰め方など、基本的なスキルの部分で違いが出てくる。少なくとも、マンネリズムの落とし穴にハマることは避けられるでしょう。

「スキルが上がった」は勘違いかもしれない

人間の脳はもともと省エネ仕様にできているそうで、できるだけエネルギーを消費しなくてもすむように行動しようとします。習慣化するというのはまさに省エネで、いちいち思考しなくても体が動き作業がこなせるようになる。するとその分、エネルギーを使わずにすむわけです。仕事が習慣化されたということでもあります。つまり、楽な方へと流されるのは人間として当たり前のことなのです。

30代後半、40代になると、仕事には速さとクオリティの両方が当然のように求められます。そこでいちいち考えながら仕事をしていては間に合わない。「いつまでも仕事を覚えないヤツ」という烙印を押されてしまうでしょう。ですから、そのような作業の省エネ化というのは当然必要なものでもあるわけです。

ただし、省エネ化を常に図る脳の構造から、つい習慣のなかでしか仕事をしないようになると、たしかに余裕を持って仕事をしているように見えますが、考えることが少なくなってしまう。

そうなると、新しい仕事や別の分野に挑戦するという気持ちも希薄になってくる。これまでの習慣の枠外に出なくなるので、発見や驚きも少なくなり、新鮮で瑞々しい感性も衰える。思考もどんどん凝り固まっていくことになります。

仕事の習慣化による効率化、省エネ化のメリットと、ルーティンワークになりマンネリズムに陥るデメリットの双方を天秤にかける必要があります。そしてデメリットの方が大きくなってきているようなら、意図的に新しい環境に飛び込んだり、何かに挑戦したりすることで感性を刺激し、頭を柔らかくしておく必要があるのです。

職場とは別の「自分の場」を持つ

とはいえ通常のビジネスパーソンの場合、環境や仕事を簡単に変えることはできません。

一つの方法として、職場とは別の「場」を持つことが有効です。職場環境を大きく変えるのではなく、職場以外にもう一つ、「自分の場所」を設定する。それによって新たな刺激や情報を獲得し、感性が衰え頭が固くなることを防ぐのです。

異業種交流会や勉強会に参加している人も多いかもしれません。つき合いが会社の人間関係だけで、飲みに行くのも職場の人ばかりというのに比べたらはるかにましでしょう。

ただし、異業種交流会というのは玉石混交です。参加している人たちは前向きで意識の高い人が多いのかもしれませんが、なかには明らかに営業が目的だったり、宗教の勧誘が目的の人も潜んでいたりします。下手に関係ができると、あとあと面倒なことになるケースもある。

単に交流するという目的の会より、テーマや目的が決まっている勉強会の方がいいと思います。そういう場では、人脈を広げたいとギラギラしている人ではなく、知的好奇心や趣味など、純粋な動機で参加している人が多いでしょう。そういう集まりの方が勉強になるし、趣味や方向性が一致しているのでいい関係が築けるはずです。

その場合も、年に何回までというように期限が最初から決められている勉強会がいい。続けることが目的になってしまい、ダラダラと集まりが続いていく会がありますが、それは本末転倒です。

意外に面白いと思うのが、土日や夜などに行われている市民講座や大学の公開講座です。文化系、自然環境系、ビジネス実用系、語学・資格系、趣味系など多分野にわたって講座が開かれていて、しかも授業料が安いものがほとんどです。

忙しくてできない？　自分が興味を持てるものであれば、意外に週に何時間かの時間調整はできるものです。むしろそれらの予定を先に組んでしまい、仕事をそれに合わせることで効率よく終わらせる習慣が身につくかもしれません。

日常の仕事や職場とはまったく別の世界を持つことで、新たな刺激や情報、知識を得たり、新しい人間関係を広げたりすることができます。仕事や職場に慣れて、そこで固まってしまわないためには必要なことです。

公文式の数学を学んでわかったこと

かく言う私も、この年齢になって公文式の数学の勉強を始めました。やってみたら結構面白い。高校の数ＩＡですが、因数分解や2次方程式、3次方程式をやる。$(a+b)^3$の展開式なんて、数学が多少得意だったという人でも忘れているんじゃないでしょうか。

先生から渡された問題シートを20分くらいで2枚ほどやって提出する。間違ったところは添削されて戻ってきて、１００点をとれるまでは次のシートを渡してくれません。因数分解は手順を間違えると大変な計算になってしまいますが、公式に従って手順よく解くとスッキリ答えが出る。

実は私自身、高校生のときに数学でつまずいた苦い経験があるのです。中学までは数学は得意科目。テストではほぼ満点でしたが、それで油断して高校の数学をさぼってしまった。そうしたら数ⅡBの途中でわからなくなってしまいました。高校生になると一気にレベルが上がるので、わからないままにしておくと、そのあと取り戻せなくなってしまう。

おかげで私は私立文系の大学を受験することになるんですが、それで同志社の神学部というユニークな学部に入学することになり、キリスト教とマルクス主義という両極端な思想に触れることになった。それが現在の私につながっています。

また、大学に入ってから数学の勉強をしました。神学と数学にはつながる部分があるからです。しかし、高校数学をやり直す機会はありませんでした。

そんな思いもあり、あらためて数ⅠAを学んでみたいと思ったわけです。ただし勉強してみて、あらためて数学というものを学ぶ必要性を感じました。数学は論理性を学ぶ最適な学問です。数学的な思考を身につけることで、物事を論理的に把握し、分析し、判断することができるようになる。

発想力の源泉は「論理力」

論理性というのは仕事をするうえで非常に大切な能力です。状況を正確に判断し、的確な行動や対応をとる。コミュニケーションのなかで相手の言うことを理解し、こちらの意図を明確に伝える。仕事をするうえで最も基本的な能力が、この論理性なのです。

事務処理能力も論理性に負うところが大きい。たとえば整理整頓なども論理性がなければできないでしょう。必要なものと不要なものに分けて不要なものを捨てる。残ったものの置き場所を決めてファイリングし収納する。この一連の作業だって、論理性がなければできません。ですから整理整頓が苦手な人は論理力が弱いのかもしれない。

仕事の計画や段取りも論理性に負うところが大きいです。アルゴリズムという言葉があります。算法とも訳され、問題を解く手順を定式化したもの。コンピュータのプログラミングなどはまさにアルゴリズムの一種です。

段取りとも似ていますが、たとえば料理でよく見かける星の形にスライスされたニンジンをどうつくるか。まずニンジンを薄くスライスして、そのあとで一つひとつを星形に切るのでは大変な作業になってしまいます。これを、ニンジン全体にまず縦に5つの溝を掘り込んでからスライスすれば、作業効率ははるかに高い。

アルゴリズムというのはある結果を導く最適な段取りということで、それを考えるのには論理性が必要になるわけです。仕事も日常生活も、実はそのような論理性で成り立っている。その論理性を鍛える基本となるのが数学教育なのです。

衰退しつつある日本人の数学力

まずは、中学までの数学をしっかりマスターしましょう。余裕があるなら高校数学の最初のレベルである数ⅠＡまで範囲を広げる。分数の計算、因数分解や四則演算、正と負の概念、実数と虚数の概念、確率と集合、平均や中央値の概念など、数学の基本概念が頭に入っているだけで、物事のとらえ方や考え方が変わってきます。

最近は、若い人の数学的思考力や論理的思考力が弱くなってきているようです。「国際数学・理科教育動向調査」（ＴＩＭＳＳ）によると、１９８１年、日本は中学校の数学の成績で堂々世界のトップでしたが、１９９３年にシンガポールと韓国に抜かれ、その後は台湾、香港にも抜かれ5位に落ちています。

分数の計算ができない大学生が増えていることもよく耳にします。2分の1プラス3分の1を、平気で5分の2と答える。旺文社の教育情報センターが2012年4月に発表した調査によれば、大学生の4人に1人が平均の意味を理解せず、論理的思考力にも問題を抱えていることがわかったそうです。

ご存じの通り、昭和40年代の「つめ込み教育」の反動から、50年代に必修科目の削減など「ゆとり教育」路線に変化しました。その後平成の時代になって、知識習得型の教育から より個性重視、思考力・判断力重視へとシフトし、2002年から授業時数や必要単位の大幅な削減が図られました。

知識偏重ではなく思考力や判断力を重視し、個性を重んじることは間違っていないのですが、結局基本的な知識や学力が身につかず、思考力や判断力も育たないという結果に終わってしまった。そこから、2012年度以降の小・中学校の指導要領では授業時間を1割ほど増やし、数学では論理的思考力や表現力の育成に努めるとされていますが、遅きに失した感が否めません。

若い人に数学離れが増えている理由

この数学離れの動きに拍車をかけているのが「推薦・AO入試」の増加です。2015年の文部科学省の「国公私立大学入学者選抜実施状況調査」によると、AO、推薦いずれかの入試で入学している学生は全体で42・9％にも上るそうです。

書類や面接により本人の意欲や適性、能力を総合的に判断するAO入試は、個性を重視する教育として取り入れられたもの。通常入試に比べ個別教科の学力は重視されません。どうしても学力の低下という弊害が起きてしまう。

さらに私が深刻だと思うのが、昨今の中高一貫教育の弊害です。文科省が出している「高等学校教育の改革に関する推進状況調査」によると、2016年度に全国の中高一貫校は595校あり、2017年度以降はさらに26校増える予定です。

それらの学校のなかには、とにかく目先の大学合格者数を上げたいばかりに極端な指導を行うところがある。たとえば、中学生の初期の段階で理数系が苦手な学生は文系の勉強に特化させ、早稲田や慶應の文化系の学部に狙いを定めさせる。そうすると、早い段階から数学の勉強を捨ててしまうことになるわけです。

以前は、私立文系を受ける学生でも高校の数ⅡBまでは勉強していた人が多かった。ところが、一貫校では中学卒業時点で事実上、数学を学ばなくなってしまいます。中学レベルの数学が十分習得できていない大学生が誕生してしまうのです。そこから、難関私大文系の学生より、理数系の専門学校で学んだ人の方がはるかに数学ができるという現象が起きています。

論理的でない人とどう仕事をするか

先ほど大学で分数の計算ができない学生が増えていると書きましたが、計算はもちろん、論理的な思考ができないということが問題です。今30代、40代のビジネスパーソンは、論理力に問題のある若手社員を育て、一緒に仕事をしなければならなくなるかもしれません。その際には注意が必要になってくる。

たとえば資料作成を部下に指示するときも、「今日と明日、二つの会議のために資料を50部ずつ、合わせて100部つくってほしい。資料には付箋を貼るものと貼らないものに分けて出す予定だけど、とりあえず今日の会議用の50部は付箋なしのものでいいよ」と伝えたとしましょう。

それを聞いた若手は、明日の資料はすべて付箋が必要だと早合点してしまうかもしれない。指示そのものがわかりにくいのも事実ですが、少なくとも明日の資料に付箋が必要かどうかということや、その配分には触れられていません。論理的な思考ができる人であれば、明日の資料の配分に関しては指示を待つか、あらためて聞き直そうとするでしょう。

論理的な思考をする能力が低いと、このような仕事のちょっとしたやりとりでも誤解や齟齬が生じやすいのです。若い人を部下に持つ上司としては、「明日の資料の配分は……」と、より詳しく明確に説明する必要が出てくるのです。

語学の勉強をすることの意外なメリット

これからは、ある程度の語学力も必要になってくるでしょう。私は公文式の数学以外にもロシア語、チェコ語、琉球語を習っています。語学も、頭を柔らかくするのにとても役立つ。ポイントは自宅においてマンツーマンでやるのではなく、教室に通うということ。

普段と違う場所へ行き、違った環境のなかで勉強するのが、脳を活性化させ柔らかくするのにとても有効です。

そもそも40歳を過ぎると、あらためて何かを学ぶという機会も減ってきます。まして、知らない人たちと一緒に、まったく違う環境で学ぶこともほとんどなくなる。環境を変えて新しい何かを学ぶということは、非常に大きな刺激になります。マンネリから脱し、脳を柔らかく保つために必要なことでもある。

しかも、語学学校なんて結構高いお金が必要ですから真剣にならざるを得ません。いまや、ネットのコンテンツを利用して無料で学ぶことはいくらでもできますが、お金を払う、身銭を切るということが実は大きな要素なんですね。

人間にはやはり損得勘定もあるので、お金を出しているのだから何としても元をとりたいと思うもの。そういうものが続けるためのモチベーションになるので、あえてお金を払って勉強することをおすすめします。

英語が苦手な人は、思い切って公文式で英語を習うなんていいかもしれません。通常の英会話学校や語学学校が割高だと感じるのであれば、先ほど触れた大学の公開講座や自治体主導でやっている市民講座でもいい。

いくばくかのお金を払って授業を受けることで、意外に自分の新しい能力や興味に気づく、新しい機会になるかもしれません。

頭を柔らかくするにはゲームが有効

頭を柔らかくし、発想力を鍛えるにはどうすればいいか。一時、ブレーンストーミングやマインドマップなどが流行りましたが、いまの時代はあまり効果がない気がします。

というのも、たとえばブレーンストーミングの場に一人だけ能力が高い人がいたりすると、その人に他の人たちの意見や考え方が引っ張られてしまう。すなわち同質化が進んでしまうという弊害があります。これでは意味がない。

同じレベルの人同士でやらなければいいブレーンストーミングにはならないのですが、それが実は難しいんですね。

意外かもしれませんが、私がおすすめするのはゲーム。たかがゲームと馬鹿にできないものがあります。たとえば『現代大戦略2003～テロ国家を制圧せよ～』というゲームソフト。日中の国境紛争やテロ国家との戦い、朝鮮半島の有事など、国際政治のリアルな問題を解決していくゲームです。現在の国際政治や国際社会の状況がリアルに再現されていて、実によくできている。さまざまな国際問題にどう対応するか？　ゲームをしながら知識を増やし、判断力や発想力を身につけることができます。

ビジネス要素の入ったシミュレーション系のゲームなら、市長になって街を大きくしていく『シムシティ』シリーズや、鉄道会社を経営して事業を拡大し、駅周辺の開発事業なども行っていく『A列車で行こう』シリーズなどが有名です。

本格的に経営を学びたいのであれば『キャピタリズムII』というソフトがおすすめ。製品の製造、流通、販売を扱った本格的な経営シミュレーションゲームで、プレーしながら自然と経営学が身につきます。

あるいはボードゲームもいいです。『DOMEMO（ドメモ）』というゲームには28枚の数字が書かれたタイルがあり、見えない自分のタイルの数字を当てていきます。論理力や推理力が鍛えられます。

『アグリコラ』は17世紀ヨーロッパを舞台に自分の農場を大きくしていくゲームで、経営的な発想が身につきます。『パンデミック』はウイルス対策チームの一員となり、他のプレーヤーと協力して感染症と戦うゲームです。チームプレーや自他の能力と特性をどう引き出すか、マネジメント的な発想力が鍛えられます。

『カタンの開拓者たち』というゲームは、他のプレーヤーと物々交換しながら自分の陣地を広げていく。交渉力が鍛えられるでしょう。

これらのボードゲームを通じて、楽しみながら頭を柔らかくし、ビジネスに役立つ論理力や推理力、交渉力やマネジメント力を鍛えることができます。

一つ上の情報収集ができる専門検索エンジン

もう一つ、発想力を高めるには、その材料となるいい情報をできるだけ早く、たくさん集める必要があります。情報収集の方法としてネットは欠かせません。まずは広く浅くでいいので、関連情報をどれだけ集めることができるかがポイントになります。

そのために検索エンジンが重要になってくる。グーグルやヤフーなどは一般的ですが、私は「専門検索システム」をよく活用しています。ネット上にコンテンツがあふれて巨大化してくると、グーグルやヤフーのような大型検索エンジンでは、なかなかピンポイントで検索することが難しくなってきます。そこで10年くらい前から、専門分野に特化した検索エンジンが登場するようになってきました。

通常のショッピングなどの日常生活情報から金融情報、趣味やスポーツなど、多分野にわたって大小さまざまな専門検索エンジンがあります。個人でつくったものもあり、一見見栄えのしないものがありますが、テーマによっては大型検索エンジンよりも特化した情報を得ることが可能なのです。

たとえば地域情報がほしいのであれば「TownInfo.jp」などは全国各市町村の情報検索がピンポイントでできます。ちょっとした法律上、ビジネス上のトラブルが起きたというなら「行政書士事務所検索」。全国の行政書士を検索することができます。そのほか、いろいろなテーマで個人や組織、企業がつくっている検索エンジンがあります。

私はウェブサイトインテリジェンスと名づけていますが、これからは部屋でパソコンやスマホに向かいながら、どれだけ効率的にいい情報にアクセスできるかで差がつくようになる時代。自分の仕事やプライベート、趣味に合った検索エンジンを見つけ出すことで、思いがけない有益情報に出会って、それが発想や企画に結びつくこともあると思います。

規格外の発想は「型」を身につけることから

たしかに、発想力や創造性というのは、これからの時代、最も大事になってくる能力の一つでしょう。特にAIが一般的になり、先ほどの情報検索などもAIが一手に引き受けてくれる時代がくるかもしれません。そうなると、あとは集まった情報をどう取捨選択し活用するかが問われる。つまり、発想力や創造性が大きく関わってくるのです。

ただし、本当に人並み外れた発想力を手に入れることは、常人にはなかなかできません。

一部の芸術家やベンチャー企業家など、普通の人では考えつかないような発想力と表現力を持つ天才がいることはたしかでしょう。

最近ならビル・ゲイツやスティーブ・ジョブズ、アマゾン創始者のジェフ・ベゾスなどが話題になります。ベゾスは小さいころはエジソンに憧れたようですが、私から言わせれば誰もがエジソンのようになれるわけでもないし、またなる必要もないと思います。

アイデアや発想の天才、発明家というのはやはりひと握り。しかも天才とはもはや常人の域を超えて、奇人の領域にまで達している。彼らの本や伝記がたくさん読まれていますが、私たちがそれを目指すべきかどうかは疑わしい。むしろ例外として参考にすべき人物だと考えます。

私たちが目指すべき創造性というのは、世界を変えるような大発明でも大事業でもありません。日常の仕事や環境を少し改善したり、商品の売れ筋を考えて現実的な企画を立てたりする。これまでの思考の枠組みを打ち壊すような、斬新で革命的な発想を求められているわけではないのです。

大発明家ではなく、ちょっとしたアイデアマンでいい。だとすれば、新奇なものを追い求めるより、まず目の前にあるものや情報をできるだけ把握、インプットし、世の中のスタンダードが何かを知ることが大事です。

いわゆる「型破り」な発想というものは、「型」をしっかり身につけることで得られるもの。基本やスタンダードを知ることで、そこから少し外れたものを考えることができるわけです。「型」もないところでただ新しいものを求めても、それは「型破り」ではなく単なる「でたらめ」にすぎません。

私がしきりに学生時代の勉強や教室に通うことをすすめるのも、かつて習った「型」を再び取り戻したいということにつながるのかもしれない。柔らかい頭と発想力を身につけるには、実はこれまでの知の体系、すなわち「型」を身につける。そんな地道なところから始まるのです。

「発想力」を考えるための本

『門』

夏目漱石／新潮文庫

真の自己を見つめ直し向き合うには

『三四郎』『それから』に続く前期三部作の最後の作品。主人公の宗助は、かつて親友だった安井の内縁の妻であった御米《およね》と恋仲になり駆け落ちする。その良心の呵責に苦しみながら、主人公は崖の下にある家にひっそりと暮らす毎日を送っている。

晴れない心を何とかしたいと寺の門をくぐり座禅を組むが、結局悟ることはできず絶望してしまう。

自分を無にしたい、空っぽにしたいと思う瞬間があるが、結局人はなかなか悟ることはできない。座禅を組んだからといって良心の呵責と葛藤が消えるものではなく、おそらく寺の老師が指摘するように現実を直視し対峙する力がなければ解決しない。

懸案の問題に向き合う勇気やエネルギーがないと、何か別のものでそれを解決しようとする。しかし、それは行く手を遮る人生の門のように立ちはだかる。そこに踏み込む力の大切さを教えてくれる。

第3章

40代からの「リーダーシップ」

チームリーダーとしてまずやるべきこと

40代になると部下の面倒を見る立場になります。チームリーダーとして部下をまとめつつ、成果もあげていかなければならない。組織を任されるリーダーの心得として、まずは「適切な部下、メンバーを選ぶ」ということを挙げたいと思います。

「上司は選ぶことはできないが、部下は選ぶことができる」という言葉があります。どんなに上司に不満があろうが、勝手に部署を移って違う上司のもとで仕事をすることはできませんが、上の立場になれば、自分の配下のメンバーをある程度は選択できます。

もちろんいい人材を集めるのに越したことはありませんが、そのような人はどの部署やチームでも同じようにほしがるので競争が激しい。そう簡単に理想とするチームをつくることはできません。

むしろ、チームリーダーとしては「不適格な人物を選ばない」ことが求められます。どんなに優秀な部下を集めても、足を引っ張る一人の問題社員がいれば、仕事のすべてが台無しになってしまう可能性もあるからです。

いまや多くの仕事は知識集約型です。よく言われるのが、仕事には足し算の仕事とかけ算の仕事があるということ。足し算の仕事というのは単純作業を積み重ねるような仕事です。流れ作業でネジを一つ回すだけの現場であれば、仮に一人の新米の生産性が低くても他の人を補充すれば補えます。

しかしかけ算の仕事、すなわち知識集約型になるとそうはいきません。一人でも生産性がゼロの人がいると、かけ算でその仕事のアウトプットはゼロになってしまう。たとえばある雑誌で、優秀な編集者やライターが頑張って記事を書き誌面をつくっても、一人の編集者が校閲もかけずにいい加減な記事を流してしまったら……。あとで間違いが発見され回収騒ぎになるなど、ほかの人たちの苦労も何もかもすべて水の泡です。

製造業だって、食品会社で頑張って人気商品をつくったとしても、たった一人の衛生管理ができていなくて食中毒を出してしまったら、それでアウトです。

いま世の中のほとんどの仕事が複雑化しているし、集約型になっている。一人でもゼロだったりマイナスだったりすると、すべてダメになってしまうような仕事なのです。それだけに、チームをまとめるリーダーとしては、まず致命的なマイナスになりかねない危険人物を見極め、なるべく自分から遠ざける必要があります。

問題行動のある社員を見極める

そこで、まずは部下に問題となりそうな性格や行動がないか見極めなければなりません。そのためには発達障害や自己愛性パーソナリティ障害など、問題性格や問題行動の病理について最低限知っておく必要があります。

私自身もかつて外務省にいたころ、問題行動の目立つ後輩がいて結構大変でした。外務省の試験に合格するのだから勉強はできたのでしょうが、場の空気を読んだり、相手の気持ちを斟酌したりして、総合的に物事を判断することは苦手な人物でした。

あるとき、その部下に資料をまとめるよう頼んだところ、件名もつけず、ランダムに集めたものを渡してくる。「ちゃんと内容によってファイリングし直してくれ」と頼むと、今度は縦書きの書類も横書きの書類も同じく左とじでファイリングをしてくる。縦書きの書類は右側をホッチキスで留めてあるため、ファイリングで左側を留めると袋とじ状態になって読めないわけです。

「これじゃ読めないじゃないか」と指摘すると、「佐藤さん、私はファイルしろと命じられたのであって、右とじの書類と左とじの書類を分けろとまでは言われていません」と。そのときは、さすがにファイルを壁に投げつけました。

本人は冗談で言っているのではなく、本気でそう思っているのです。言われたことしかやらない。ファイリングの目的まで考えが広がらないし、使う相手のことまで考えることができない。今思えば発達障害の一種だったのでしょうが、当時は「ふざけるな」という気持ちが先に立ってしまいました。

組織にはある一定数、発達障害などの傾向がある人物がいます。もちろん、そうした人たちもしっかり仕事をしている場合も多いですが、なかには性格的な問題も絡んで、組織の仕事にどうしてもなじまない場合があるのです。

自己愛型人間やサイコパスには要注意

では、社交的で如才がなく、一見仕事を要領よくこなす人物であればいいかというと、そうとも言い切れません。私が上司なら、むしろやたらに話が上手で社交的な若手は警戒します。あまりに要領がよく、口がうまい人物には警戒が必要です。

そこまでいかなくても、ある程度仕事ができることで自信過剰になっていて、仕事を甘く見たり、周囲を軽視したりする傾向があります。仕事はできても、組織の和を乱したり、スタンドプレーで周囲に迷惑をかけたりする危険性がある。

脳科学者である中野信子さんの『サイコパス』（文春新書）が注目を浴びました。中野さんは、「社交的で口がうまく、あまりに爽やかで魅力的な人物は、もしかするとサイコパスかもしれないと、まず疑います」と話していました。

サイコパスというのは反社会的人格を持った精神病質的人格とされています。良心を持たず、冷酷で共感性に乏しい。ただし、常に相手を利用しようと冷静に狙っているので、口が達者でプレゼン能力が異常に高いのです。詐欺師や連続殺人犯などの凶悪犯罪者に多いと言われます。

ただし、サイコパスのすべてが凶悪な犯罪者になるとは限らない。ＩＱが高く、学習能力の高い人物がサイコパスだった場合、巧妙に自分を偽装し、周囲を騙しながら自分の利益が最大限に高まるように相手を利用します。

中野さんはＡＯ入試や裁判員制度は非常に危険だとも言います。そういうところに知能の高いサイコパスがいると、周囲の人はたちまちペースを握られてしまう。裁判員制度では巧みな弁舌に引っ張られ、えん罪がつくられる可能性もあるというのです。

そういう人物が組織にいると、チーム全体がおかしくなってしまう。たとえばありもしない噂を流し、メンバー同士を対立させたり、自分の思い通りにいかない相手には手段を選ばず攻撃したりする。表向きは非常に常識をわきまえた人物や善人を装っているので、まさかその人物が陰で悪だくみをしているなどとは誰も想像できないのです。仮に被害を訴えても、訴えた方が悪者にされてしまうこともあるそうです。

政治家や経営者、教祖など人を引っ張る立場の人や、弁護士や医者などいわゆるエリート層にもサイコパスがかなりいるとされます。サイコパスが疑われる人物は100人中1人。何千人もの大きな組織になれば、何人かはサイコパスがいると考えていいでしょう。

サイコパスに非常に近い人格障害として、自己愛性パーソナリティ障害というものがあります。やはり自己中心的で他者を利用することをまず考える。思い込みが激しく、自分に被害を与える人物に対しては徹底的に攻撃する。良心の欠如も見られるのですが、サイコパスと違うのは、サイコパスが脳の扁桃体に異常があり、先天的なものであるのに対し、自己愛性パーソナリティ障害は幼児体験など後天的な要素が強く、適切なカウンセリングなどの治療を受けることで治癒する可能性がある点です。

いずれにしても、そのような人格障害とはどういうものか、専門書や解説書などを読み、危険な人物を見極める目を持つことが大切です。

そういう人物は、最終的にはどうしても各部署から敬遠されてしまいます。下手に義侠心を出して、そういう人物を預かってしまうと大変なことになります。無責任で自己中心的な彼らの言動や仕事ぶりに振り回され、大変な労力を強いられたあげく、組織が崩壊しプロジェクトやミッションは不成功に終わってしまう。あなたがその責任をとらされてしまうことにもなりかねません。厳しいようですが、自己愛性パーソナリティ障害やサイコパスが疑われる人物はできる限り自分のチームから遠ざけることが鉄則です。

「嫉妬のマネジメント」は重要なスキル

危険な人物を見極めることと並んで、リーダーとして部下をまとめていくうえで重要なポイントは「嫉妬のマネジメント」です。

優秀な部下がいて、その彼に目をかけてかわいがったとしましょう。下手にやると、たちまち他のメンバーが「あいつばかり贔屓《ひいき》して」と、モチベーションを失ってしまう。それだけでなく、彼らの嫉妬によってその部下がつぶされてしまう危険があります。いずれにしても、組織はうまく回らなくなってしまうでしょう。

以前は、「ほめるときは人前で、叱るときは呼び出して」と言われたものです。ほめるときは公の場でほめると、それが本人のモチベーションにもつながるし、周囲も「自分も頑張ろう」という気持ちになる。逆に叱るときは本人の顔をつぶさないよう、一人だけ呼び出して誰も見ていない場所で叱る。

ところが今はちょっと違う。ほめるのも呼び出して、こっそりほめた方がいい。特定の人をメンバーの前でほめた途端、そのほかのメンバーが嫉妬してしまうからです。

私の推測ですが、昔より自己愛の強い人が増えたということかもしれません。自己愛性パーソナリティ障害の人は、自分が常に主役でなければ気がすまない。そこまで病的ではなくても、傾向として自己愛が強い人が増えているように感じます。

自己愛が強い人は、無意識では自分に対する自信が欠如しています。それを補うべく他者の称賛や承認が必要になる。いつも注目を浴びていたいし、「すごいね」と称賛を浴びていたい。その強い志向が、他者が注目され、ほめられたときにはたちまち嫉妬という強い感情に転換されるのです。

一度そのような状況になってしまったら、嫉妬されている人物に向かって、「お前、気をつけた方がいいぞ。周りから嫉妬されているぞ」と言ってもほとんど効果がありません。嫉妬する方は本人の言動に関係なく、妬む気持ちで凝り固まっていますから。

こういう場合は嫉妬している方に対して、「実は君の能力を買っているんだよ」などとほめて彼らの承認欲求を満たし、嫉妬の気持ちを和らげるしかないでしょう。

若い人を叱ってもいいことはない

先ほど叱るときは呼び出して叱ると書きましたが、それでもできるだけ叱らない方が無難です。特に今の若い世代は精神的に脆い部分がある。よかれと思って叱ったことで、本人がすっかりしょげて出社拒否になってしまうこともあります。周囲からは、あなたのリーダーシップやマネジメント能力を疑われてしまうかもしれません。

日本生産性本部が発表した「職場のコミュニケーションに関する意識調査」(2014年)によると、40代が中心の課長職と、20代、30代一般社員の意識の違いが明らかになりました。なかでも「叱ることが育成につながる」と考えている課長が87・8%なのに対し、一般社員の方は、上司から叱られると「やる気を失う」と答えた人が60％、「やる気になる」と答えたのは38％にとどまりました。

少子高齢化が進み、一人っ子が増え、親の愛をたっぷり受けて育った今の若者たち。先ほどの自己愛性パーソナリティ障害ではありませんが、他者の称賛と承認を何よりも求めている若者が増えているということなのかもしれません。

一方、今の40代が若かりしころ上司や先輩だった人は、今の50代、60代です。激しかった競争社会を生き抜いてきた人が多く、60代の人が子どものころにはアニメの「巨人の星」のような根性物が流行っていましたから、スパルタ教育こそ成長には必要だと思い込んでいる部分がある。

そういう人たちの薫陶を受けている40代が、それと同じ感覚で今の20代、30代を育てようとすると、おかしなことになってしまうのです。

本人は部下のためにと説教したことが、部下には「精神的な苦痛を与えられた」と受け取られ、パワハラで訴えられるということすら考えられます。なんとも面倒な時代だと思うかもしれませんが、それをふまえたうえで上手に対応する必要があります。

閉鎖的な組織の論理に惑わされない

そもそも世代の違いを指摘する以前に、部下を大きな声で叱ることが教育だと考えていること自体が間違っていると思います。本来、上司であれ部下であれ同じ人間であり、人格を有している。社会生活を営むうえでお互いの人格を尊重するのが当然なのです。

ところが、ひとたび組織の論理、それも会社という利潤追求の組織でヒエラルキーができると、えてしてその尊厳を軽視した言動が見られるようになる。

生産手段を持たない一般社員にとって、お金を稼ぐ唯一の場所が会社なわけです。その組織はなかば絶対的な存在でしょう。会社自体も厳しい競争のなかで一丸となって競合他社と争わなければならない。もともと組織自体が閉鎖的なものですが、会社という組織は輪をかけて閉ざされたものになる要素が揃っています。

そうした組織の論理のなかで、次第に個人の人格や尊厳は失われていきます。立場が上で力を持ったものが、下のものに対して暴言を吐いたりときには暴力を振るう。それが組織において当たり前になると、さらに感覚がマヒしていく。

かつての軍隊がまさにそうでしたし、最近で言うなら体育会系の部活などにそのような空気が強く残っているかもしれない。いわゆるブラック企業は、そのような組織の論理が色濃く出た典型例です。

〝圧をかけられる体験〟も必要

ここは微妙なところですが、人間には耐性をつけることもある程度は必要です。道義的には首をかしげざるを得ない状況でも、結局それが本人の精神的な耐性を高める、教育的意味を持ちうることもたしかにあるのです。

以前、ジャーナリストの池上彰さんと対談したとき、若いころの仕事の話になりました。池上さんはNHK社会部の報道記者でしたから、それこそ新人のころは「夜討ち朝駆け」で毎日睡眠2、3時間。それでも耐えられたのは、その仕事がずっと続くわけではないと知っていたからだと言います。

何年か頑張ってデスクになればその仕事から解放される。新聞やテレビの記者は若いころに全員が何年かそういう忙しさを経験する。すると、その後のどんな仕事も「あのころに比べれば」とこなせるようになるというのです。

私も外務省にいたときに同じような経験をしました。入省1年目は特にひどかった。真っ先に上司に言われたのは、「君たちの仕事は簡単だよ。朝来て部屋のカギを開けて、夜カギをかけて帰る。その間は先輩に言われたことをこなすだけでいい」と。それが、朝8時45分にカギを開け、次の日の朝4時にカギを閉めるときまでいなければならないという意味だと気がつくのに時間はかかりませんでした。

今は働き方改革の動きもあって、時間外労働に関してはかなり風当たりが強くなってきています。毎月の残業時間が150時間以上だと大騒ぎされますが、正直な話、私の場合は毎月300時間近く残業していた。土日も休まず1日20時間近く仕事をすると、そんな数字になります。今から思えばよく過労死しなかったものです。

やたらと怒鳴る上司、朝令暮改の上司は当たり前。明日の会議に必要だからと膨大な量のコピーを頼まれ、次の日の朝7時にようやく終わってほっとしていると、「佐藤君、あのコピーはすべて不要になった。極秘文書だからシュレッダーにかけておくように」。

こんな不条理な職場でしたが、その後海外の大使館、領事館勤めを終えると、まったく対応が変わります。最初の1年目はわざと厳しく、不条理な扱いをするのは教育的な意味合いがあったと、今では考えています。

というのも、お役所というのは不条理極まりない社会でもある。そんななかでやっていくには、それなりの耐性と適性がないと本人のためにも、組織のためにもよくありません。

とはいえ、夜討ち朝駆けのようなやり方は、最近は会社としてもさせなくなってきているそうです。外務省も、おそらく昔のような若手育成はしていないでしょう。

これからの理想は相談型上司

そんななかで、私の印象に残っている上司が東郷和彦さんです。東郷さんは祖父が第二次世界大戦が終結したときの外務大臣だった東郷茂徳氏であり、父親の文彦氏も外務事務次官と駐米大使を務めたという外務省の超エリートです。

その東郷さんはロシアとのつながりの深かった鈴木宗男氏と太いパイプを持ち、北方領土問題に関しては現実的返還論を唱えていました。直属の部下である私も一緒に現実的返還に向けて仕事をしましたが、それが外務省の守旧派とぶつかり、さまざまな力学のなかで私も鈴木さんも逮捕され、ロシアンスクールは幹部から一掃されてしまいます。

その東郷さんに対して、世間の毀誉褒貶はあると思いますが、直属の部下として思うのは、そのリーダーシップは非常に立派なものだったということです。当時は外務省の欧亜局長であり、在オランダ全権大使という立場でしたが、どんな若手の部下に対しても「さん」づけで呼んでいました。

まして声を荒げたり怒鳴ったりすることなどありませんでした。仕事の仕方も命令口調ではなく、「佐藤さん、〜のようにしたいのだけど、どう思いますか?」「どうするのがいいと考えますか?」と、あくまでも相談の形で投げかけるのです。

東郷さんのような人に相談されたら、やはり部下としてもそれに応じたい、何とかしたいと思うでしょう。部下であろうと相手の人格を尊重し、ていねいに対応する。組織のヒエラルキーはあっても、それに甘えることなく自他の関係を構築する。そのような自律的な姿勢は、自分のなかに確固とした自信と自我がないとなかなかできることではありません。やはり尊敬できるし信頼できる上司であり人物であったと、今でも考えています。

サーバント型リーダーシップとは

いきなり東郷さんのような上司になるのも難しいかもしれません。状況や相手によっては、相談型ではうまくいかないケースもあるでしょう。それでも一つの上司の理想型として頭に入れておくだけでもいいと思います。

というのも、求められるリーダーシップの質が変わってきているのです。右肩上がりの時代なら、組織をまとめ上げ、一つの目標に向かって強力に引っ張っていく「率先型リーダー」が求められました。かけ声一つで下をぐいぐい引っ張っていけば、ある程度は成果が上がった。しかし、今は引っ張っていく強いリーダーより、一緒になって考え、問題解決をしてくれる「相談型リーダー」が求められています。

また、「サーバント型リーダーシップ」というリーダー像の考え方があります。1970年代後半、米国の経営学者が唱えたもので、これからのリーダーの本質はサーバント、すなわち「奉仕」にあるというものです。

高い志を持ち、メンバーが働きやすいように支援する奉仕的な人物こそが人望を集め、リーダーとして認められるというのです。エン・ジャパンがビジネスパーソンに対して行った2015年のアンケートでも、サーバント型リーダーのもとで働きたいという人が全体の77%に及びました。ちなみに現在の上司がサーバント型かどうかを尋ねると、YES

と答えた人は全体の14％しかいませんでした。

たしかに右肩下がりの時代、部下を育てたりまとめたりしていくのが難しい時代です。力に任せて無理やり下を引っ張っていこうとしても、若い人は従ってはくれません。

一緒になって考え、一緒に問題解決を考える。サーバント=奉仕とまではいかなくとも、そんな相談型がこれからのリーダーの、一つの形ではないかと思います。ですから率先型リーダーの資質はないと思っている人でも、実はサーバント型リーダーの資質を備えているかもしれません。むしろ自分は人を引っ張るカリスマ性とは無縁だと思うような人ほど、これからの理想のリーダーに近い存在だと言えるかもしれないのです。意外にそういう人から名上司、名リーダーが誕生する可能性があります。

最も嫌われるのは「朝令暮改上司」

もう一つ、避けるべきは朝令暮改です。コピーを大量にとらせてあとから不要だと処分させるなどはもってのほかですが、コロコロと言うことが変わる上司というのは、いつの時代も、どんな職場にもいます。そして、例外なく部下からはイヤがられる存在です。

前述した外務省での話は、教育的視点からの意図的なものである可能性が高い。そうではなく、性格的、能力的に自分の考えや方針が定まらず、とりあえず部下に命令し、あとから修正していく人も少なくありません。そういう上司は早晩信頼を失っていきます。

本人の能力とも関係するのですが、仕事の仕方のタイプとして、その仕事の完成形をしっかりイメージしてから仕事を進めるタイプと、アウトプットがある程度出た段階で、次第に完成形をイメージしていくタイプの二つがあると思います。

アウトプットが揃わないと完成形がイメージできないタイプの上司だと、下が疲弊していきます。というのも、そういう上司は最初は間口が広いのです。「とりあえずやってみてくれるかな?」で仕事を振る。

たとえば企画書をつくるという仕事があったとして、「とにかく思いついた企画なら、どんどん形にしてくれ」という頼み方をします。ある程度企画を出させておいて、やっぱりこれがいいとか、こんな企画書にしてくれとか、注文が出始める。

部下は最初は注文も少なく、自由にやっていいというので喜ぶのですが、ところがどっこい、そのアウトプットを参考にして、ああでもない、こうでもないと細かい注文や修正が出始める。その修正を出すと、「うーん、やっぱりイメージが違うかな」などと、今度は別の企画案にシフトする。

そんなことなら、最初からその路線で、しかも必須要件や禁止事項などを示しながら、できるだけ最短距離で仕事ができるよう指示してほしい。そう部下が考えるのは当然でしょう。でも、このタイプは意外に多いのです。あなたの周りにも何人かいるはずです。

朝令暮改にならないようにするためには、仕事の方向と完成形をしっかりイメージすること。実は、これこそがリーダーにとって大切な能力であり要件だということもできます。仕事の完成形をイメージできず、アウトラインを描けない人物は、リーダーとしての資格がないということになります。

意外に大きい下の世代とのジェネレーションギャップ

今の40代は右肩下がりの時代を生き抜く冷めた視点を持っています。私の感覚としては、この世代は個人主義的な傾向が強い。部下の教育に対してもバブル以前の上司のように、熱くのめり込みません。

それは一時期盛んに人事で取り上げられた組織のフラット化や、成果主義、能力主義による影響も大きいと思います。2000年前後くらいでしょうか、以前のように組織のなかで、上司や先輩などが部下を教育する評価システム、体制が崩れたのです。成果主義になって、自分の成績を上げることが優先順位の一番だという時期がありました。それが個人主義的な姿勢に拍車をかけたと考えられます。

半面、今の20代、30代は全体の空気を敏感に読み取って、組織や集団に順応するのが得意です。しかも40代に比べると社内の人間関係を求めたり、心のつながりなどを重視したりする傾向があるようです。上司の評価を過敏なまでに気にする若手が多いのも、その傾向の一つと見ることもできるでしょう。

40代と今の20代、30代は意外に大きなジェネレーションギャップがあるというのが私の見立てです。個人主義的でクールな40代と、場の空気を重んじる20代、30代。そんな人たちが一つのチームでいい関係を築くのは、それほど簡単ではないかもしれません。

ただでさえ個人主義的志向の強い40代の人は、関係性を重視する20代、30代を面倒な人間たちだととらえ、避けようとする傾向があるように思います。

なかにはドライに割り切り、仕事上では必要最小限のつき合いをするけど、それ以上の関係は持たないとかたくなに決めている人もいます。

特にスペシャリストを目指す人のなかには、マネジメント的な仕事には一切関わらないという人もいるでしょう。しかし、ある程度の年齢になったら若い世代を育てることで、自身の器を広げるきっかけになるし、自分のさらなる成長にもつながるはず。

先ほども触れたように、自分にはリーダーシップなど皆無だと思っている人が、実はリーダーの適性がある場合もある。難しい時代だからこそ、部下との関係に向き合ってください。面倒なことには違いないし、部下を育てることが直接自分の成績に結びつかない場合もある。部下ですら競争相手である昨今では、そんな余裕はないかもしれません。

私自身、はたしてどれだけ部下を育てられたか。自信を持って言い切れない部分もありますが、下との関係を築くことで、失うことよりも得るものの方がはるかに多い。教えることで自らも成長する。

私が強調したいのは目線の持ち方です。部下と向き合うこと、チームのリーダーとして全体を見る目を持つことで、仕事や組織、人間関係の見方が変わってくる。上から俯瞰して全体を見る目、横の関係性を見る水平な目線、そしてときに部下の立場になってものを考える、下からの目線。そういう目線をたくさん持つことが、その後の人生に必ず大きな資産となって返ってきます。

「リーダーシップ」を考えるための本①

『サイコパス』

中野信子／文春新書

サイコパスをどう見抜き身を守るか

平気でウソをつき他人を陥れる。罪悪感もなく、リスク感覚も低く、犯罪を起こす確率が高い——。近年、脳科学の進歩により、サイコパス特性と脳の扁桃体の異常に相関があることがわかってきた。

サイコパスはもともと共感性が薄く、人を愛するということを知らない。しかも、自らの本質を隠すべく善人の風貌を装うことにも長けている。

サイコパスは凶悪犯罪者とは限らない。むしろ、社会的に地位の高い仕事についている人間も多いという。政治家、弁護士、医者、宗教家などだ。彼らは捕食者であり、常に自分にとって価値のある人間を徹底的に利用し、ときには相手の人生を破壊する。

そんな彼らが、人類の歴史のなかで淘汰されず、一定数生き残っていることにどのような意味があるのか。身近なサイコパス人間をどう見抜き、どうつき合っていけばいいか？　示唆に富む一冊。

「リーダーシップ」を考えるための本②

『コンビニ人間』

村田沙耶香／文藝春秋

消費社会が生み出した究極の関係

36歳未婚の古倉恵子はコンビニバイト18年目。日々食べるのはコンビニ食、夢の中でもコンビニのレジ打ち。ある日、35歳で職歴もない白羽という男が入ってくる。女性客へのストーカー行為で解雇されるが、恋愛感情もなく一緒に暮らし始める。

コンビニという消費社会の究極の形態を通して、人間関係も「コンビニ化」していく。そこにあるのは、都合のいい関係を求め合うエゴイズムだけだ。

白羽の借金を返すためにコンビニを辞めさせられた恵子だが、ふとしたことから「人間である以上にコンビニ店員だ」と気づく。そこには骨の髄までコンビニ精神が染みついてしまった主人公の姿がある。

商業主義があらゆるところに入り込み、社会を変え、人間を変えていく不思議なリアリティ。現代社会のなかでの人間のアイデンティティとは何か？　目標とは何かをあらためて考えさせてくれる。

第4章

40代からの「人脈と友人関係」

会社関係の人脈は「砂上の楼閣」

社会人になってからの人脈はほとんど残らない――。そう言うと、これから人脈を広げようとしている人はがっかりするかもしれません。でも、これが私の偽らざる実感です。

２００２年、私が42歳のとき、鈴木宗男事件に連座する形で逮捕されましたが、そのときにそれまでの人脈はほとんどリセットされました。特に顕著だったのが新聞記者。濃淡はあれどつき合っていた記者は常時１００人はいたでしょう。名刺交換した記者は１０００人は下らない。ところが事件後、つき合いが続いた記者は3人だけでした。

一般の人の場合でも、たとえば会社を辞めて転職したり、定年退職したりして環境が変われば年賀状が激減したり、連絡を取り合っていた人が音信不通になるなど、多かれ少なかれ同じような寂しい思いをするのではないでしょうか。

そもそも、仕事の関係はほとんどが利害関係です。自分の立場や環境が変われば、つき合う相手も変わってしまう。仕事の人脈などは、そんなものだと割り切るべきです。

先ほどの話で言うなら、事件をきっかけに私から去っていった人も二つに分かれます。

一つは私が作家として復活すると、再び何食わぬ顔で連絡してくる人。もう一つはその後も一切音信のない人。

再度連絡してくる人は、私に利用価値があると思うから連絡してくるわけです。悪意はないのかもしれませんが、私からしたら厚顔無恥な人物です。逆にいい人ほど引け目があるためか、もはや連絡をとってこようとはしません。

だいたい、いい人は国家権力と対峙するような問題になると、気持ちはどうあれ、体が動かなくなる人がほとんどです。恐怖で体が固まってしまう動物的な感覚に近い。そのような場面であえてリスクを顧みず、反射的に行動できる人の方がまれなのです。ですから、そういうことで私から去っていった人たちを非難する気持ちはまったくありません。

逆境で本当のつながりが見えてくる

社会人になってから広がった人脈と、まったく意味合いが異なるのが大学時代の友人たちです。大学時代は利害関係がほとんどありません。私という人間の本質を知り、信頼してくれている。国家権力と対峙していようが、マスコミが何を伝えようが、私に対する評価が変わらないのです。

私の場合、神学部という特殊な場で学んだということもあるのでしょう。神学は神と人間についての学問ですから、みんなある意味で人間についての専門家でもある。神学を学んだ人は、自分の洞察や判断力に自信があるのです。

特に感謝しているのは滝田敏幸君です。現在千葉県の県会議員である彼は、当時印西市の市会議員でした。しかも自民党。

「選挙があるんだから、関わらなくていいよ」という私の言葉に、「オレの後援会は盤石だ」「仮にそれで落ちたとしたら、最初からオレがその程度の人間ってことだ」とまで言ってくれました。人生で最大のピンチのときに、これほど心強い言葉と覚悟を投げかけてくれる存在がいる。どれだけ救いとなり、有り難かったかわかりません。

本当にかけがえのない大切なつながりは数えるほどで十分。利害を超えた信頼関係、親友と呼べる間柄は、せいぜい5人が限度なのです。その見極めをまずしっかりすること。

その強固な関係があれば、たいていの人生の逆境に向かっていけます。その核がなく、ただ異業種交流会で200人、300人と名刺を交換しても、あなたが本当にピンチのときに助けてくれる人はいないと考えた方がいい。

いざというときに助けてくれるのは、家族や自分を本当に理解してくれている昔からの友人です。そもそも友人というのは人脈とは少し違い、自分の内面や人生に深く関わってくる人たちのことです。

そのような「親友」と呼べるような存在は、本当に数人いるかどうかでしょう。そのほかに通常の友人関係と呼べるような人たちがいて、仕事での人間関係や日常の生活での人間関係まであり、ひとくくりに考えることはできません。

さまざまなレベルのつき合い方がある

社会に出てからの人脈は続かないと書きましたが、そういう人脈が不要だとか無駄だというわけではありません。仕事をスムーズに進めるうえで、お互い利用し合えるような人脈は当然必要なわけです。

たとえば、よく接待で使うお店で働いているフロアの女性と顔見知りになる。それで急な予約でも、何かと融通をきかせてくれる。そのお礼にちょっとしたお土産を持っていく。お店などで顔がきけば、接待される方も「顔が広いということは、社交的でどこでも信頼されている人物なんだな」と感じるので、安心材料になるでしょう。

こういう細かな人脈の積み重ねが、実はビジネスパーソンの力量を左右することもあります。一生モノではなくても、各場面で力になってくれる「ちょっとした人脈」です。

また問題が起きたときなど、いざというときに相談できるメンターも人脈の一種です。ビジネスなどでトラブルが起きたとき、あるいは誰かを紹介してもらったりするときなど、いろいろ相談できる業界に顔の広い人物。または、プライベートで問題が起きたときなど、法律的な相談ができる弁護士。健康のことをいろいろ相談できる医者など、人脈として持っておくと、いざというときに大きな力になってくれたりします。こうした人脈は、できるなら一生モノとして続けていきたいものです。

あとは、お金の問題が起きてくる可能性もある。お金が絡むことで親友関係がこわれてしまうリスクがあるので、基本的に友達とお金の貸し借りはしないというのが私の鉄則です。でも、いざというときにお金をくれる人がいるかどうかというのは、関係性をはかる一つの目安になります。

そういう相談をするのは、親友ではなく、お金に余裕があり信頼関係を築くことができている人、あなたのことをよく理解してくれている人がベストでしょう。たとえば事業を興すときに出資者を募る場合などには、ビジネスに精通していてお金を持っていて、あなたの人間性や能力を評価してくれて、さらに事業の将来性もしっかり判断する能力もある。お金の相談をするには、そんな人物がベストでしょう。

人脈と一言で言っても実に幅が広い。それぞれのレベルで、それに応じたつき合いや目的がある。その仕分けと区切りを自分のなかで明確にしておくことが大事です。

50歳を過ぎたら人間関係を絞り込む

40代までは新しい人間関係をどんどん広げるべきですが、50代以降はつき合う人間を絞り込む時期だと考えます。私は40代で作家になり、50代になった今、その絞り込みの時期にきていると実感しています。新しい人間関係を広げるのは、もはや億劫な気持ちが強い。それよりも、これまでの人間関係で得たなかから特に大事なものに絞って、大切にしていきたい。その方が人生をより豊かにすると考えています。

読者がまだ50代に入っていないのなら、新しい人間関係を広げる方に軸足を置くのがいいでしょう。ある程度の広がりがあるからこそ、その後の絞り込みができるわけです。

ただ、つき合う人数には限界があります。フェイスブックなどのＳＮＳで友達をやたら増やす人も最近は少なくなったようですが、いずれにしても何百人、何千人もお友達として維持できるわけがない。

行動生態学者でサル学の権威でもある長谷川眞理子さんの話では、一人の人間が何人の人間とつき合えるか研究されたことがあるそうです。その結果、相手を理解してつき合うことができる最大人数はだいたい１５０人。それ以上になると、浅いつき合いになる。

ですから５人の親友がいたとして、それぞれに５人ずつその親友がいると25人。その25人それぞれが親友を５人ずつ紹介してつながると１２５人になります。だいたいのイメージとして、これくらいのつながりがリアルな人間関係での限界になると考えていい。

実際に、強い人脈として維持できるのは何人くらいだと思いますか？　仮に強固な人脈として維持するために、毎月１回は会って食事をするとしましょう。ちなみに１年３６５日、土日休むとして２５０日のうち半分の１２５日が、人脈維持のために会食できる日となります。毎月１回会食すると考えると一人１年間で12回会食することになる。すると、会食できる日が１２５日ですから、１２５÷12でたった10人しか維持できません。ですから、本当の人脈としてつき合えるのは10人が限度だということです。

親しくなりたいときほど「初動」が大切

私が『国家の罠』を上梓したとき、作家の井上ひさしさんが「あなたにはもっと書きたいことがあるはずだから、次の作品を考えた方がいい」と言ってくださいました。そこで井上さんから編集者や出版社とのつき合い方を伝授されたのです。

その一つが、つき合う出版社を絞り込むこと。やたらとつき合う出版社を広げると、各出版社の出す企画内容が重なったりする。いずれの出版社、編集者にも迷惑がかかってしまいます。だから、まずつき合うところを絞り込むべきだというのです。

絞り込むことで、特定の出版社と強い関係をつくる。広げるのはそのあとだというわけです。それは、外務省時代の人脈のターゲティング方法と同じ。関係を持ちたいと考える相手を絞り込み、そこに注力するのです。

私が外交官だったころ、ロシアの要人と近づく場合などは秘書や補佐官、受付の人から電話交換手まで、周りの人とまず仲良くしました。まず彼ら全員の誕生日を覚えておく。そして、誕生日がきたらちょっとしたプレゼントを贈るのです。するとアポをとったとき、手紙やメモを渡すとき、優先してもらえます。

そうやって要人に近づけたら、次に大切なのが「初動」です。最初の3カ月間に、どんな方法であれその人に3回会う。3年に3回会っても印象が薄いですが、3カ月で3回会って話をすれば、2、3年後になってもほぼ相手の記憶に残ります。最初の3カ月が勝負で、そこでどれだけ相手の印象に残り、食い込むことができるか――。

関係を深めたいときに私がよく使ったのが、本でも何でもその人物からものを借りること。借りたら返さなければいけないので、また会うきっかけをつくりやすいのです。

大物に近づくときのタブーとは

本当に重要な人物、大物に近づくときには、何とか関係を結びたいと焦ってしまうものですが、逆により慎重に、じっくり攻めなければなりません。というのも、大人物ほど周りに人が寄ってくるし、そういう人たちの魂胆を見極める眼力が備わっているからです。

モスクワの日本大使館に勤務していたとき、当時エリツィン大統領の参謀でロシア国務長官を務めたゲンナジー・ブルブリスと親しくなりました。エリツィンに陰で強い影響を与えていた人物であり、彼に近づけばロシア政府の動向はほぼ正確かつ迅速に把握できます。

ただし、ブルブリスは非常に気難しいことで有名でした。事実、日本大使館の幹部職員で彼に近づけている者は誰もいなかった。そこで私は彼に近づくべく、かなり戦略的に動きました。

まず、モスクワ大学で講師の資格をとりました。当地での肩書があると、何かと便利だと考えたからです。ブルブリスはよく講演やパネルディスカッションに招かれていました。私も大学講師の資格を利用して、ブルブリスが登壇するパネルディスカッションに参加しました。目的はもちろん彼と面識を持つためです。

狙い通り、私は彼と面識を持つことができましたが、そこで私がロシアの政局などの仕事に関わる話をしたら、おそらく彼との関係はそこまでだったでしょう。ブルブリスは哲学者でもあり当然、神学にも関心があった。私自身も神学を学び、チェコのヨゼフ・ルクル・フロマートカという神学者に非常に興味があった。お互いの共通点である哲学や神学の話ばかりしました。

そこには、ブルブリスと懇意になりたいという戦略的な狙いももちろんありましたが、半分は純粋に哲学者であるブルブリスの考え方を知りたいという気持ちがあった。おそらくそんなところが、彼の何かしらに引っかかったのかもしれません。日本人なのに神学について滔々と語る面白いヤツだと感じてくれたのか、当時ブルブリスが働いていた執務室に自由に出入りすることが許されたのです。

「マサル、お前は合格だ。以後、君はこの建物に自由に出入りしていいし、アポなしでオレのところに来てもいい」と。

彼のような気難しい人物に近づくことができたのは、神学という共通の土壌があったことと、彼に近づきたいと考える多くの人たちのように、ガツガツしたものを見せなかったことが大きかったと思います。

人脈はつくるときより終わらせ方が大事

人脈づくりというと、ほとんどの人が新しい関係をどう築くかに注意が向きがちです。しかし私から言わせると、関係の終わらせ方のほうが大変だし、重要だと思います。入口より出口。恋愛関係と共通する部分があるように思います。

前にも話したように、仕事に必要な人脈というのは状況によって変わってきます。たとえば、自分が異動したりすると、関係性は変わらざるを得ない。そのときそれまでひんぱんに連絡していた相手に対して、急に連絡しなくなったりすると、「あいつは冷たいヤツだ」とか「計算高いヤツだ」と陰口を言われたりする。そんな悪評が広まれば、その後の仕事にも支障が出てきます。

そうならないようにするには、たとえ利害関係的には意味がなくなったとしても、露骨には切らないようにする。しばらくはつき合って、次第にフェードアウトしていくのです。相手も仕事でつき合っているのですから、露骨なやり方でなければ納得するはずです。

仕事関係の人脈を「伸ばす人脈」「維持する人脈」「終わらせる人脈」の三つに分け、三つの箱をつくって名刺をそれぞれ分けて入れる。で、半年に一度は見直しをする。私の場合、1000人ほどいたら「伸ばす人脈」は100人くらいだったと思います。

そういう仕分け作業はなんだか気が引けると思いますか？　むしろそういう意識を持たず、漠然とつき合っている人ほど、いざ状況が変わるとバッサリとつき合いを切ってしまう人が多いように感じます。そして相手を怒らせたり傷つけたりする。

日ごろからそこを見極めてつき合うことで、むしろ適切に対応することができると考えます。人脈をつくることも大事ですが、どう終わらせるか。その部分もセットで意識しておく必要があります。

SNSに時間を奪われてはいないか

年をとるにつれ、持ち時間が限られてきていることに気づきます。つき合いがいい人ほど、さまざまな誘いがくる。麻雀、ゴルフ、飲み会……。すべてに応えていると、自分にとって本当に大切なことをする時間、大切な人とすごす時間が削られてしまいます。

40代後半から50代は、人生の折り返しを過ぎて、これからラストスパート、人生を仕上げる時期に入っていきます。人間関係も量より質になってくる。40代までに広げた関係のなかで、特に大切なものに絞り込んで、つき合いを深くしていくというのが理想です。

そういう意味で、SNSの交友関係なども、ある年齢になったら逆に負担になってくるのではないでしょうか。特にLINEなどは突然送られてきて、既読なのに返信しないとおかしな空気になってしまう。ならば、あえてSNSをやめてしまうというのも手です。

実際、私などはSNSをやめました。連絡を取り合うのは主にパソコンのメールです。メールであれば多少返事が遅くなってもSNSほどには角が立ちません。

人間関係を絞り込んでいくことで、自分の時間を増やすことができます。まだその年齢に達していない人でも、その前提を頭に入れておくといいでしょう。

本当に大切な人脈やつき合いというのは、最初に話したように、利害を抜きにした友人、家族です。というのも、家族で一緒にすごせる時間というのは、実はそんなに長くありません。仮に祖父母がいて、自分たち親と子どもがいるとする。祖父母が生きている残り時間はそれほど長くはないでしょう。また、子どもも成長して高校生、大学生になると親元を離れて生活するようになるかもしれない。

三つの世代の全員が顔を合わせて生活する時間は、せいぜい10年から15年くらいのもの。そう考えると、家族と一緒にいる時間は貴重なものです。ビジネスの人脈を広げ、深めることができたとしても、肝心の生活の基盤となる人間関係がおろそかになってしまったら本末転倒です。

親が元気なら親子三代で旅行に行く。そんな時間がとれないというなら、食事だけでもいい。それはずっと心に残る財産になります。それができなくなってから後悔しても遅い。40代以降は本当に大切なつながりのために、貴重な時間を使うべきです。

利害のない友達関係に再び帰っていく

50代になると、不思議なことに再び昔の友達とのつき合いが活発になります。子どもが手を離れ、職場でもある程度立場が固まってくると、時間的にも少し余裕が出てくるからでしょう。

冒頭でも触れましたが、私自身、ギリギリの場面で本当に頼りになったのは学生時代の友人たちでした。20代から40代までは目先の仕事に追われ、昔の仲間たちとの関係は薄れますが、年を重ねてくると、再び昔の感覚が戻ってくるのです。

ですから、今は仕事で忙しいビジネスパーソンほど、そのことを少し意識しておくといいでしょう。人脈というものを考えたときに、最後はやはり友人関係という絆に行きつく。40歳を過ぎたら友人関係をもう一度見直し、その価値を再認識することは大いに意味があることです。

ただし、社会人になってからでも利害を超えた強い関係ができる可能性はあります。私の場合、鈴木宗男さんとの関係がまさにそれです。お互い環境が変わり、利害がなくなってからより関係が深まった。それは、一緒に修羅場をくぐって来た「戦友」だからでしょう。辛酸をなめたり、困難を乗り越えたりという体験を共有した間柄というのは、やはり絆が強まるものなのです。

利害のぶつかり合う政治家同士でも、ときに友情に似た関係が生まれることがあります。たとえばロシアのプーチン大統領と森喜朗元首相の関係です。世知辛い国際政治の真っただ中でも、お互い意気に感じる部分がある。そのため、彼らは家族ぐるみのつき合いをしているのです。歴史というのは、意外にそういうところからつくられていく部分があるのです。

アバウトなところが友人関係のよさ

こう言うと、友達とか友情を何やら深刻に考えてしまう人がいるかもしれません。でも、どこかアバウトで、フレキシブルなことが友達関係のよさでもあります。

親友であるほど、ひんぱんに連絡をとらなくてもいい距離感を保てるものです。この章の最初で触れた大学の同窓の滝田君とは、年に一度会うか会わないかです。

お互いの忙しさは理解しているし、何より、お互いが相手の人間の一番深いところを知っているという確信がある。だから何年も会わなくても、会えば昔と変わらない関係がすぐ生まれる。そういう感覚は、古くからの親友を持っている人なら理解できるでしょう。

考えてみると、親しい間柄でありながら縛り合うこともなく、どこか鷹揚に構えていられる関係というのは希少です。たとえば男女の恋愛関係であると、お互い縛り合い、嫉妬が絡まり、裏切りや別れがもつれると怒りや憎しみに変わります。

親友とまではいかなくても、友人と呼べる関係はもう少し多くなるでしょう。ただし、親友と友人の違い、その定義となると人によって違うでしょうし、結構難しい。先ほど書いたように、どこかあいまいでいい加減なところがあるのが友人関係のよさだとするなら、あまりに厳密に考えない方がいいでしょう。

実際私も、かつて外務省にいたときには、省内でもいい関係を築けているなという仲間が何人かいました。しかし、外務省でゴタゴタしたとき、それまでいい関係だと思った相手が突然手のひらを返すこともあった。ただし、それも彼らの立場なら致し方ありません。

いたずらに自分の過去の関係まで全否定する必要はないわけです。その後つき合おうとは思いませんが、少なくとも以前は友達だったという事実は忘れないようにしています。

ですから、変に友情や親友関係を定義し、「かくあるべし」と決めてかかる必要はありません。特にLINEのように、返事を出すことの強制力が強いSNSはできるだけ避ける。あれは友達や友情というより「共依存」の関係です。

「フィリア」で結ばれる友情こそ財産

友情や友達関係も国によって違います。日本や米国など、比較的平和な国は友情もあまり強くない。社会が不安定だったり、危険が多くあったりする国ほど友達関係や一族などの結束が固いものです。中国やロシア、イスラエルや中東諸国などはその典型例でしょう。任侠の世界でもお互い契りを結んで、裏切ったら大変なことになる。

個人的には、そういう関係は私の考える友情や友達関係とは反対のものです。お互いを縛らない適度な距離感やアバウトさがあるのが友人関係だからです。ですから、友情や仲間意識を声高に前面に出すのは私自身はあまり好きではありません。

本当の友情や友人関係というのは、前にも話した通り、どこかアバウトな部分を残している。押しつけがましいものではなく、どこか奥ゆかしいものでもあると思う。そういう関係を結べる友達関係というのは、本当にかけがえのない、有り難いものだと思います。

それは偽計業務妨害の疑いで512日間、拘置所に閉じ込められたときに身に染みてわかったことです。特に先述した滝田君は、僕が捕まったその日に支援会を立ち上げてくれた。そしてすぐ僕の母親に電話してくれた。「佐藤君は悪いことはしていません。安心してください。僕らが支援しますから」と。国家権力という巨大な現実と対峙したときに、ほとんどの人が体が硬直し判断停止してしまうなかで、瞬時にこういうことができるところが滝田君のすごいところです。それは学生時代から変わりません。

ウォルフガング・ロッツというイスラエルの伝説的なスパイが言うには、親友というのはその人間の体重と同じくらいの黄金の価値がある。金1gが約5000円として、70kgなら3億5000万円（笑）。サラリーマンの生涯所得くらいある。

ところで、キリスト教では三つの「愛」の形があるとしています。一つは「エロース」の愛。それは自分に欠けているものを追い求める愛で、男女の愛はこの愛です。もう一つは「アガペー」の愛。神が人間に対して与える無償の愛です。親が子どもに対して抱く愛情は無償ですからアガペーに近い。

そして三つ目が「フィリア」の愛です。これは相手の個性や能力を認めながら、対等の立場で尊重し合います。友情とはまさにフィリアの愛です。人間にとって、いずれの愛情も必要です。でも、もしかすると、最も大事なのがフィリアかもしれない。夫婦や親子も、よい関係を続けるには「お互いを尊重し合う」フィリアが必要になります。

対等で、自由な関係のなかで、自分で選択し、尊重し認め合える仲間をつくる――。ビジネスに役立つ人脈をつくることも大切ですが、同時に友人関係も大切にしたい。人生において最も価値のあるのが友達であり友情だと言ってもいい。一人でもそんな友達がいるのであれば自信を持っていいし、誇ってもいいと考えます。

「人脈と友人関係」を考えるための本①

『肩書き捨てたら地獄だった』

宇佐美典也／中公新書ラクレ

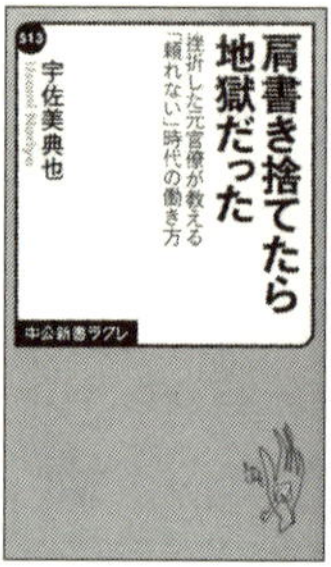

肩書きを実力と勘違いした官僚の悲劇

著者は東大卒業後、経済産業省に入省。30歳のときに数百億円を動かす半導体分野の国家プロジェクトに携わるなど、まさにエリート街道を突っ走っていた。しかし、エリートへの違和感と、肩書きのない世界で力を試したい、自分ならできるはずだという過剰な思い入れから官僚を突然辞めてしまう。

ところが官僚の肩書きを一度外してしまうと、思ったように新規事業が立ち上げられない。経産省時代に力になったつもりの民間企業の人や、かつての仕事仲間たちにも仕事の依頼を頼むが、冷たくあしらわれてしまう。そこで初めて自分の「驕り」に気づく。ついこの間まではエリートだった自分と現在の境遇を比較し、泣き暮らす日々が続く……。

著者はその後セルフブランディングに目覚め、多くの人に自らをアピールし今日に至っている。人脈と肩書き、現代社会を考えるうえで参考になる。

「人脈と友人関係」を考えるための本②

『シャーロック・ホームズの冒険』

アーサー・コナン・ドイル／
創元推理文庫

意外なところに存在する男の友情

イギリスの小説家、アーサー・コナン・ドイルによる短編集。名探偵シャーロック・ホームズとその親友ワトスンが、ロンドンに巻き起こる奇怪な事件を追って活躍し難事件を解決していく。

赤毛の男が加入した奇妙な組合のカラクリを追う「赤毛組合」、「まだらの紐」、「五つのオレンジの種」、「くちびるのねじれた男」など、それぞれに魅力がある。

推理小説の名作として知られる同著だが、ホームズとワトスンの友情物語という視点からもとらえることができる。まったく違う個性の二人だが、それゆえに彼らはお互いを尊重し合い共同生活を送る。

数々の難事件も、ホームズを支えるワトスンの協力関係があればこそ解決できた。そこには男女関係でも、親子関係でもない、信頼と友愛の関係がある。二人の信頼関係と適度な距離感は、友情の本質を理解するうえで役立つはずだ。

第5章

40代からの「時間の使い方と学び方」

忙しくても自分時間を捻出する方法

自分の仕事もこなさなければいけないし、部下の面倒も見なければならない。家族との時間も必要だ……。30代後半から40代のビジネスパーソンは特に忙しい。

一生懸命頑張るのはいいのですが、20代のころのような体力はありません。くれぐれも無理は禁物です。

時間の使い方、特に「ペース配分」が大事です。ビジネスパーソンの仕事は長期戦ですから、ずっとオンのまま、全速力で頑張っていると長くは続きません。どこかでエネルギーを蓄える時間をつくったり、適度なオフを挟んだりすることで、結果的に仕事を継続的にこなすことができます。

「そんな時間もない」という人がいるかもしれません。でも、どんなに忙しくても、無駄にしている時間が意外にあるはずです。仕事をするうえで一番無駄なのは、「資料を探す時間」でしょう。机や棚をひっくり返しながら、いつも何かを探している人がいます。そうなると、仕事の効率は一気に悪くなります。1日5分、探し物の時間を減らしたら、年間約1800分、30時間も余裕ができる。

特に机の引き出しが乱雑になっている人がいますね。ペンでも書類でもとにかく何でも一緒くたに入っている。こういう机で仕事ができるという人を見たことがありません。

引き出しの中は自分の頭の中と同じ。引き出しの中が乱雑な人は、頭の中も整理がついていないことが多いです。断捨離という言葉が一時流行りましたが、定期的に部屋や机、棚などをチェックして、不要な書類などを思い切って捨てることをおすすめします。

ただし、整理整頓を徹底するあまり、それが目的になってしまう人もいます。あまりに整理を徹底しすぎると、それに時間と労力をとられてしまう。あくまで仕事のロスを減らし、集中力を高め作業効率をアップするのが目的です。

ですから、資料を必要以上に細かく、テーマごとにファイリングする必要はありません。見た目はいいでしょうが、ファイリングするだけで時間がとられてしまいます。私の場合、必要な書類や資料は封筒などに入れ、大きな段ボール箱に放り込んでおくだけ。必要なときは、とにかくその段ボール箱の書類や資料を探せば出てくる。

必要なものはすべてその箱に入っているので、そこにない書類や資料は最初から存在しないとわかります。ここがポイントです。そして半年に一度その書類箱を見直して、不要なものは捨て、必要なものだけをとっておきます。

パソコンに関して言うなら、ドロップボックスやエバーノートというサービスを使っています。これもタグをつけずに、必要なものだけ選んだら、あとは一緒くたに放り込んでおくだけ。フォルダーに分けて入れる必要もありません。名刺などもそのまま放り込んでおきます。検索機能がついているので、名前を打ち込めばしっかり表示されます。

「機会費用の損失」を常に意識する

「機会費用」とか「機会損失」という経済学の用語を知っているでしょうか。たとえば私の蔵書は家と仕事場、倉庫の3カ所に分けて整理しています。

「あの本はどこにあったっけ?」と迷ったら、下手に探さずに買っちゃうこともある。3カ所を3時間、4時間かけて探すくらいなら、その時間で原稿を書けばその分収入になる。本の代金を差し引いても、買った方が得なのです。こういう考え方が結構大事になります。

たとえば学生のアルバイトなども、その視点から考え直した方がいい。時給900円、1000円のアルバイトで目先の生活費を稼ぐより、その時間でしっかり勉強してたとえば司法試験に合格したら、生涯年収ははるかに高くなります。あるいは英語をしっかり勉強して総合商社に入れれば、将来の時給は1万円を越えるかもしれない。

何に時間を使うと一番効率よく収益を上げられるか？　常にその視点で考える姿勢が大事です。長期的な視点がないと、目先の利益に追われてしまいます。その意味で、休息時間というのも非常に大切です。一見すると何もしていないような時間によってエネルギーを補充し、仕事の生産性を高める。これはマルクスがすでに資本論でも触れています。

賃金労働者というのは、基本的には自分の労働力を売るしかない。労働力を商品として資本家に提供することで、その対価としての賃金を得る。資本家としては、目先の利益を上げるには無償で300時間も超過勤務で働かせれば、それだけ利潤が上がる。

でも、それで労働者が体をこわしたり死んだりしてしまえば資本家にとっても損失になる。それまで本人が蓄積していた技術やノウハウが失われてしまうからです。ですから、適度に休息を与えてエネルギーをしっかり補充させる必要がある。

それには商品を消費しないといけません。食事をとり、リフレッシュするための嗜好品や娯楽も必要になる。マルクスは労働者の賃金には、そのような次の仕事をこなすための消費にあてるお金が不可欠だと指摘しています。

1日、1週間の時間配分を決める

私自身、1日のなかで時間の配分をしています。まず朝5時に起床すると、6時までの間に新聞やネットによる情報収集をして、6時～11時までは原稿の執筆。この時間は頭が一番さえているのに加えて、電話など外部からの邪魔が入りません。1日のなかで最も仕事に集中できる時間帯です。この4～5時間で原稿はかなりはかどります。

午前11時から午後2時までは人と会食。それがない場合は学習。午後2時以降は打ち合わせや取材などがあればこの時間帯にこなし、それがなければインプット、学習です。夜も会食がない場合は深夜にかけてはインプットの時間。ですからインプットの時間がかなり長い。本を読んだり調べ物をしたり、映画などのコンテンツをネットで見たりします。

ビジネスパーソンの方には必ずしも私の時間配分と仕事の仕方は参考にならないでしょうが、1日1時間から2時間、必ずインプットの時間、勉強したり知識や教養を身につけたりするための時間を持つことがおすすめです。

一番もったいないのは無駄にお酒を飲むこと。特に、会社の決まった人とグチや悪口を言うだけの飲み会ほど無駄なことはありません。たまに社内のコミュニケーションをとるために飲み会に参加するとしても、毎日のように飲み歩くのはただの時間の浪費です。

あまりに予定をつめ込みすぎるのも、時間の使い方としてあまりおすすめしません。たまに手帳にびっしり予定が書き込まれている人がいますが、余裕のないスケジュールを組むと疲れ切ってしまいます。また、何か不測の事態が起きたときに対応できません。

できれば週に1日の「バッファー時間」を設ける。予定通り進まなかった仕事や、こなすことができなかった案件、突然の予定の変更などをこのバッファー時間で調整するのです。私の場合、毎週水曜日は原則として予定を入れず、ここをバッファー時間にしています。

時間泥棒から自分を守る

今の時代、しっかり意識しないと、どんどん自分の時間を他者にとられてしまいます。

ミヒャエル・エンデの有名な『モモ』という作品があります。主人公が「時間泥棒」と戦う話ですが、現代社会は「時間泥棒」であふれている。

その最たるものが前にも取り上げたSNSです。勝手に送っておいて、返事をしないと失礼だというのは、もはやストーカーの論理。時間泥棒と一緒です。

ところがメールですら、最近はぶしつけな内容が多い。企画書を一方的に送っておいて返事がほしいと要求する。しばらく返事をしないと、なぜ返事がないのかと怒っている。

おかげで、メールの文章でその人物の性格や能力がわかるようになりました。

長々とあいさつ文や関係のないことがたくさん書かれていて、自分アピールの文章が続く。読み進めても何を望んでいるのか、結論がどこにあるのかはっきりしない。そういう人は自分の都合ばかりを主張するなど、仕事をしてもトラブルになる可能性が高いです。

仕事ができる人ほど、簡潔に必要最小限のことだけを書いてきます。自分も忙しいから、時間をとられることがいかに苦痛かをわかっている。メールは短いが添付されている企画書はしっかりしている。となると、論理的に仕事ができてバランス感覚のいい人だなと推測できます。SNSやメールなどを使うときは、自分が「相手の時間を奪っている」という感覚を持つことが大事です。

多くのサービスがあなたの時間をいかに占有するかにしのぎを削っており、自分の時間を確保するのが難しい時代です。

企業も時間泥棒の張本人です。最近は政府が「働き方改革」を提言するなど、残業時間を減らす方向に動いています。過労死問題などもやたらマスコミに取り上げられます。

ただ、政府の働き方改革は国民の健康や生活を考えているというより、少子高齢化で貴重な労働力をいかに効率よく活用するかを考えているのです。意味のないつき合い残業などを減らし、適度な休息時間をとることで、安定的な労働力を確保する。女性や高齢者の労働力を活用するなど、国民全体に効率よく働いてもらうことで、経済力や国力を維持することが真の狙いでしょう。

デジタル機器から遮断された時間を持つ

自分の時間を確保するにはどうしたらいいか。私は女性の働き方が参考になると考えています。女性は自分の時間を優先して考える傾向があります。「海外旅行に行くので、来月は1週間休ませていただきます」などと最初に宣言してしまう。出世を気にする男性社員には難しいかもしれません。忙しいからこそ最初に自分時間を確保するというのは、スケジュール管理の鉄則。時間の天引きをしないと、いつまでも自分の時間がつくれません。

私は情報をあえて遮断する時間をつくっています。携帯を切り、パソコンのメールも見ない。みなさんも1日1時間でも2時間でもいい、外部の騒音を一切遮断してみてください。

よく「自分を空っぽにする時間を持て」などと言いますが、本当に空っぽにできる人はいません。座禅を組んだって、どうしても離れられない執着がある。その存在を知ることが大事なんです。すると、自分のなかで必要なものと不要なものがはっきりしてくる。

本当に大事な情報は、自分の内側から出てくるもの。フロイトやユングは無意識の世界の重要性を指摘しましたが、実際、作家や芸術家、科学者などの創造的な仕事をする人たちは、みんな自分の内面の声を大事にしています。これは一部の創造的天才たちだけの話ではありません。

もっと日常的な問題に対して、やるべきことかそうでないか、つき合うべき人なのかそうではないのかなど、誰もが無意識では答えを出しているのかもしれません。内側からのメッセージに耳を傾け、聞き分けられるかどうかにかかってきます。

そのためにも、外界の騒音をシャットアウトして、自分の内側の声にそっと耳をすませること。そんな時間が、雑音にあふれた今の時代には特に必要なのです。

将来的に役に立つ勉強とは？

先ほども触れましたが、私の一日の多くはインプットの時間。少ないときで一日4時間、多いときで10時間をインプットにあてています。原稿執筆などアウトプットの作業が生命線である職業柄、それは必要不可欠です。

会社の仕事を抱えるビジネスパーソンの場合はそこまで時間をとれないにしても、やはりインプットは重要です。情報収集や勉強だけでなく、芸術作品に触れたり自然と戯れたりすることも大切なインプットの一つでしょう。

「生涯学習」という言葉をよく耳にしますが、あらためて言うまでもなく、人生は学びの連続です。特に40代は目先の忙しさに追われて、勉強する時間がなくなってしまいがち。何をどう勉強するか、意識的に取り組む必要があります。

ただし、社会人の学習は趣味で何かを学ぶというのとは別もの。たとえば写真撮影や星の観察などとは別に考えます。ここでの勉強、学習とは、身につけることで仕事の役に立つもの、収入アップにつながるものです。

もちろん、英会話などの語学は仕事の内容と職種によっては役に立つでしょう。資格をとったり、英会話を身につけたりするために本格的な勉強をするのであれば、1日2時間から3時間、土日はそれぞれ5時間ずつ必要です。

英会話や資格など仕事に直結したもの以外にも、将来役に立つ勉強はいろいろあります。手軽で効果があるのはなんと言っても読書でしょう。特に中間管理職になったとき、読んでおきたい書籍がいくつかあります。

日本の組織の特性や不条理を学ぶ定番としては、やはり『失敗の本質』(戸部良一他/ダイヤモンド社)です。ピーター・ドラッカーの各著作や、スティーブン・コヴィーの『7つの習慣』(キングベアー出版)など、定番の古典も読んでおくとどこかで必ず役に立ちます。

ベストセラーなど、流行っている本や映画などは学習とは少し切り離して考えます。すぐに役立つものは、すぐ廃れるものでもあるからです。もちろんそれらを押さえておくことは必要ですが、ビジネス関連書でも古典と呼ばれるくらいになっている本には、普遍的な価値が備わっています。

私は1年後に扱うテーマの仕込みを、今から意識して行うようにしています。いま読んでいるのはジェイムズ・ジョイスの『ユリシーズ』。これは大変な長編で、しかも文体がどんどん変わる前衛的な作品です。原書と丸谷才一さんの日本語訳と照らし合わせながら読んでいます。すぐに論文を書いたり、メルマガで紹介したりするつもりはありませんが、何年かあとに、必ず自分の仕事に役立つと思うからです。

ちなみに、文体というのは作家の世界観が表れたもの。世界観がどんどん変化し、ズレていくというのは、世の中の変化が激しい時代に、複層的に世界を解釈するヒントになる。これからの世界で重要になっていくテーマだと思っています。

ビジネスパーソンにこそ小説が必要

40代のビジネスパーソンになると、だんだん小説を読まなくなってきたという人も多いのではないでしょうか？　若いころはよく読んでいたという人も、年を重ねるほど小説から離れてしまう。しかし、年齢を重ね経験を積んでから小説を読むと、味わい方も理解の仕方も変わってきます。

小説を読んでいる人と読んでいない人では、どうしても人間の幅が違ってくるように感じます。というのも、優れた小説には作者の感性や感情がさまざまな形でちりばめられています。深い内面の思索のなかで、私たちの日常の常識を超えた解釈や感性が明らかにされていることもある。

たとえば犯罪小説には、表面的な犯罪心理学の理論よりずっと深い考察が繰り広げられていることもあります。また、社会的には落伍したアウトローや裏社会などを描いた小説を読むと、社会通念や常識を相対的にとらえることができるようになる。単純に善悪や正邪で二分できない世界があることを知るだけでも、思考の幅は広がるでしょう。

このような精神の広がりと柔軟性を与えてくれるのは、何より小説です。自分のなかにさまざまな世界と解釈があれば、現実的な問題に直面したときの判断材料になるし、パニックになることもありません。

自分とは違う世界の住人たちのストーリーを読むことで、私たちはあたかも自分がその体験をしたような感覚に陥る。このような代理経験によって、実体験に勝るとも劣らない知識や知恵を得ることができます。

小説にもさまざまなジャンルがありますが、ビジネスパーソンに特におすすめなのは歴史小説です。歴史の流れを知ることができるのと同時に、激動の時代を生き抜いた人たちのストーリーを読むことで、人間関係の機微や人としての生き方、考え方を学ぶことができます。山本周五郎の『樅ノ木は残った』や司馬遼太郎の『坂の上の雲』など、一連の代表作は一読に値します。

また、出張や旅行で地方に行ったとき、ガイドブックや観光案内パンフレットではなく、その土地に関係する小説を読むと、その地域の歴史や風土を一段深く知ることができます。

たとえば、沖縄であれば大城立裕さんの芥川賞受賞作品である『カクテル・パーティー』がある。米軍統治下で日本人や沖縄人、米国人や中国人などが親善パーティーを繰り広げるなかで、米兵によって主人公の娘がレイプ事件の被害者になるという話です。沖縄という土地が持つ特殊性、その現実と歴史が小説を通じて浮かび上がってくる。

京都なら、綿矢りささんの『手のひらの京』がいいでしょう。京都に暮らす三姉妹の話で、日常の京都弁の響きだけでなく、京都に暮らす人たちの深層が三姉妹の葛藤のなかで描かれます。同じ姉妹の話では、谷崎潤一郎の『細雪』が古典として有名です。こちらは大阪の船場が舞台。両者を比較して読むのも面白いかもしれません。

その土地に関連する小説を読むことを通して、土地や地域の歴史や風土、住む人たちの考え方の鋳型や深層を学ぶこともできます。

学ぶツールも多様化している

小説を読む時間がなかなかとれないという人は、電車などでオーディオブックを聞くという方法もあります。スマートフォンなどで聞けば、満員電車でもインプットすることができます。

耳から聞くという方法は意外に頭に残るものです。米国でオーディオブックが流行っているのは車を運転しながら聞くことができるからで、地方在住で車通勤している人もこの方法が使えます。

一人で勉強すると、いつの間にか挫折してしまうという人が多いかもしれません。私は『太平記』などの勉強会を開いていますが、そうした勉強会などに参加する方法もあります。有志で集まって読書会を開いてもいい。

勉強ツールとしておすすめなのは放送大学です。社会科学、自然科学から人文科学までたくさんのメニューがある。自分の興味を引く講座があったらまずはテキストを買ってみる。一流の講師による講座が、わずか1500円程度で学べるわけですから、活用しない手はありません。チェックしてみましょう。

面白いのは「iTunesU（アイチューン・ユニバーシティ）」というコンテンツです。日本だけでなく世界中の主要な大学の講義を、iTunesや「iTunes U」というアプリを使って無料で見られるサービスです。東京大学や京都大学といった国立大学から、早稲田大学、慶應大学など有名私立大学まで、質のいい講座がアップされているのでおすすめです。

ビジネス英語から三味線や琴など伝統楽器の演奏までそのコンテンツは非常に幅広く、誰もが無料で高品質な授業を受けられるという点でも画期的です。

生涯学習のカリキュラムをつくってみる

学習を始める前に、自分でこれから学ぶべきことのメニューをつくるといいでしょう。生涯学習のカリキュラムを組んでみるのです。まず興味のあるテーマを書き出してみる。それに合ったコンテンツを探す。どんな方法でどうやって学ぶか。それこそネットを駆使しながら調べてみます。セミナーに参加するのか、大学の社会人講座のようなものに参加するのか、あるいはネットでコンテンツを探すのか。さまざまな方法、手段があるはずです。

私自身も、知識と理解を深めたい領域を明確にしています。それは「歴史」「経済」「サイエンス」「健康」「ライフ（マネー）プラン」の5つ。ビジネスパーソンとして特に意識したいものばかりですが、意外にポイントになるのが「サイエンス」です。

科学的な素養は、文系の人こそ身につけておくべきものです。AIについて、あるいは脳の働きについて、これからの世の中の動きを知るには、こうした理系的な知識も必要になります。

あとはライフプランやマネープランをしっかり立てること。生涯に必要になるお金、入ってくるお金をしっかり計算し、どういう生活をしていくか計画を立てる。そうでないと、不測の事態が起こったときに対処できません。

子どもがいる人は、特にこれから教育費が高騰することを念頭に置いておく必要があります。子どもにしかるべき教育を受けさせて、しかも自宅を購入しローンを返済していくことが可能かどうか。どちらか一方を選択しなければならないかもしれません。

お金を増やすというだけでなく、むしろいかにリスクから身を守るか。下手な投資話や儲け話に引っかからない、詐欺などに騙されないための基本的な知識が必要です。

学びの満足感と達成感が人生を豊かにする

学びを継続するなかで、自身のライフワークのようなものを見つけたいものです。一生をかけて興味のあるものを探求することは、自己実現や成長のためというより、生きる張り合い、生きがいとして必要です。

私自身のライフワークはやはり神学に戻ります。前述したフロマートカの思想の根本にはイエス・キリストが言った「受けるより、与える方が幸せである」という言葉があります。現代は、えてして自分が得をしよう、人よりたくさん得ようと考えてしまいがちです。こういう時代だからこそ、「与える喜び」を説いたイエスとフロマートカの考えをわかりやすく世に紹介したい。それが私の務めであり、役割だと考えているのです。

勉強していくと何が変わるか。情報や知識の量はもちろんですが、興味の対象、楽しいと思える対象が変わってきます。勉強により興味の対象が広がってくることで、仕事終わりに毎日のように飲みに行ったり、キャバクラや風俗に2万円、3万円と使ってしまったりするようなことがバカバカしくなってくるはずです。

パチンコや競馬にハマっている人は、大当たりによって分泌される脳内の快感物質であるドーパミンの依存症になっています。そうなると麻薬や覚せい剤と一緒で、なかなか抜け出すことができません。

しかし、本当の人生の達成感や満足感というのは、ドーパミンによってもたらされるものとは異なります。それはコツコツ積み重ねて形にしていく喜びで、学習をする喜びがまさにその満足感や達成感であり、ドーパミン的な快楽地獄の落とし穴にハマることから救ってくれます。

学び続けることこそ、豊かな人生を送るための秘訣です。若いころは勉強をやらされていたと感じていたような人も、自分で決めて実行することで、まったく違ったものになる。仕事に追われる40代以降のビジネスパーソンこそ、自分の時間をつくり出しながら自分で決めたものを学ぶべきです。

「時間の使い方と学び方」を考えるための本①

『ローマ帝国衰亡史』
〈全10巻〉

エドワード・ギボン／ちくま学芸文庫

西洋史の根源がわかる究極の古典

西暦96年からオスマン帝国によって滅ぼされるまで、ローマ帝国の約1400年間を記述した大著。五賢帝時代の古代ローマ帝国の最盛期から始まり、東西分裂、十字軍、オスマン帝国により東ローマ帝国が滅亡するまでを記している。

ギボンは西方正帝の廃止によって西ローマ帝国が滅亡したとする考え方を提唱し、のちの歴史家に大きな影響を与えたことで知られている。

西洋の歴史を知るにはまずギリシャであり、それに続くローマの時代を押さえなければならない。現在のキリスト教圏とイスラム教圏の確執の根っこもこの時代背景を抜きにしては語れない。

40歳を過ぎたらネット情報などに頼るのではなく、しっかりした古典で教養を身につけたい。本書はそんな古典の重要な一冊だ。現在を知るうえで、また西洋の歴史を知るうえで格好の材料となる。

「時間の使い方と学び方」を
考えるための本②

『「ポスト真実」時代のネットニュースの読み方』

松林薫／晶文社

ネット情報に惑わされないために

ネット情報は玉石混交であり、なかには信憑性の低いニュースや完全に偽の情報もある。このような時代には、安易にネット情報に頼るのではなく独自の選択眼、リテラシーが必要になる。

POST TRUTH（ポスト真実）とは、2016年に起こったイギリスのEU離脱や、米国大統領選におけるトランプの勝利などに見られる、「客観的な事実が重視されず、感情的な訴えが政治的に影響を与える状況」と定義されるという。

ネットにはさまざまな眉唾ものの情報があるが、典型的な例が極端な陰謀論だ。社会不安の表れでもあるのだろうが、荒唐無稽な説が何の実証もなく述べられており、多くの人がそれを信じ込んでいる。

一般市民もジャーナリズム論を学び、技術や能力を獲得する責任があるという。ネット情報のなかで正しく情報を読み解くリテラシーが必要だ。

第6章

40代からの「人づき合い」

40代にこそメンターが必要

人生80年と考えると、40歳というのはちょうど折り返し地点。これまでの人生を振り返りながら、第二の人生について考える時期でもあります。前にも書きましたが、流されるままに40代をすごしているだけでは、定年退職後は仕事もお金も人脈も、何も残っていないということになりかねません。

そうでなくても、40代というのはさまざまな転機が訪れる時期。転職や独立をするのか、会社に残るにしても管理職を目指すのか、コースとは違う道を行くのか。どの道を行くにしろ、意識的、計画的に選択しなければなりません。

自分を見失わず上手に生き抜くにはどうすればいいいか。最適な選択をするにはどうしたらいいか。切実な問題に直面します。

その際、命運を分ける一つの要素が人間関係です。どんなにネットやSNSが普及しても、結局一番役に立つのは人から直接入ってくる情報です。人間関係が豊かな人とそうでない人とでは、いろいろな場面で差がついてしまいます。

また、みなさんにはメンターと呼べるような、学びを得られる存在が身近にいるでしょうか。「いい年をして、いまさらお手本とかメンターだなんて……」と考えている人も多いかもしれません。でも、人生の分岐点で正しい選択ができるかどうかは、お手本となる人物の有無や、そういう人の知恵を借りられるか否かがポイントになります。

「自分の周りには、学ぶべき人やお手本にするような人はいない」と嘆く人がいるかもしれません。それでも私の経験上、どんな組織や会社にも一人は師として学ぶべき人がいるはずです。そうでなければ、組織も会社も続くわけがない。

ある程度の規模で、しかも何十年と続いてきている会社や組織であれば、そこには学ぶべき人が必ず何人かはいるものです。

それでも見当たらないという人は、自分自身の方向性がはっきりしているか、目標がしっかりしているかどうかを問い直してみてください。自分の方向性や目標がしっかりしていれば、おのずと学ぶべき人が見えてくるはずです。

周りに学ぶべき人がいないと嘆く前に、自分自身の人生の照準が定まっているかどうかを顧みてみましょう。

人生の方向性をまず定める

たとえば30代、40代のビジネスパーソンなら、自分はこの会社で管理職となり、将来会社の経営などに関わることを目標とするのか。その方向を目指すなら、少なくとも40代でチームリーダー、課長以上になっていることが大前提です。

そのうえで、やはり将来はマネジメントや経営に進みたいということであれば、役員以上の人とのつき合いが大切になります。そのなかで、自分の師と仰ぐべきメンターを見出していくのがいいでしょう。

あるいは、社外の勉強会やセミナーで出会った経営コンサルタントなど、外部の人たちにもメンターとして適任の人がいるかもしれません。社内にふさわしいと思える人物が見当たらないのであれば、そういう社外人脈を活用する。

一方、会社には残るが、マネジメントなどをするのではなくスペシャリスト、専門職として自分のペースで仕事をしていきたいという場合、当然やるべきことは違ってきます。師とすべき人も変わってくるでしょう。コンピュータ関係ならその世界の、営業職なら営業分野での、それぞれ注目される人物がいるはずです。

社内外を問わず、そういう人物に近づき、メンターとして教えを請う。自分の方向性が定かでなければ、そういう人物は見えてきません。仮にあなたのすぐ目の前にいても、気がつかずに通りすぎてしまうでしょう。

経済が右肩上がりの時代なら、先のことをあまり考えずに生きたとしても、何とかなったかもしれません。給料もどんどん上がっていったし、退職金も年金もたくさん出ました。しかし、残念ながら今の時代はまったく状況が違います。

安倍内閣が進めるような新自由主義的な政策が進めば、さまざまな分野で二極化が進行していくでしょう。おそらく何も手を打たずにいたら、どんどん生活水準は下がっていく。現状維持するだけでも、大変な労力や努力が必要な時代です。

むやみに頑張るのではなく、できるだけ経験者の知恵を借りた方が、はるかに効率よく成功する確率が高いのです。

競争社会から降りるのも一つの手

意外に参考になるのが、第二の人生を生き生きと楽しく、幸せそうに暮らしている人です。経営者だとか役員になり、キャリアコースに進んでいける人は結局ひと握りにすぎません。大多数はどこかで弾き出される。

となると、いつまでもイスとりゲームにしがみつくのではなく、競争社会から降りた世界で自分の居場所と生きがいを見つけていかなければいけない。ほとんどの人が、遅かれ早かれそうした状況と向き合うことになるからです。

ですから、ビジネスで成功して大儲けした、経営者になって大成功したというような人物より、身近な人物にこそ自分の人生の参考になる人がいるはずです。ひと握りの幸運な成功者、常人離れした才覚の持ち主――。こうした人たちの真似をしたからといって、誰もが幸福になれるわけではありません。むしろ、現実の前で挫折したり消耗したりする人が圧倒的ではないでしょうか。

それより、市井の人で好きなことをやりながら、たとえ金持ちではなくても金銭的に困窮せず、楽しく人生を謳歌している人。そんな人のなかにこそ、人生の師、メンターが眠っている可能性があります。

たとえば何かのサークルでもいいし、町内会や趣味のグループでもいい。マイペースで楽しく生きている人は、顔つきを見ただけでなんとなくわかります。そんな人の生き方にこそ、実は幸せのヒントがあると思うのです。

人生の師は意外なところにいる

メンターだからといって、師匠や先生だと考える必要はありません。一緒にいて気分がいやされたり、楽しかったりする存在も、広い意味でメンターだと考える。いろんなことを相談でき、そばにいるだけで安心する。そういう存在も必要です。

特に自分が教える、引っ張っていくという人ではなく、包容力があるタイプ。こういう年上の人は、意外にいざというときに精神的な支えになってくれるものです。

キャリアアップや収入アップを目指して頑張るための指導者、メンターも必要ですが、それだけだとそのうち息切れして疲れてしまう。人間はいつも上昇志向で前向きでいられるわけではないのですから、こちらの話をじっくり聞いてくれる存在も必要です。

それから、実際に深くつき合うということはないにしても、尊敬できる人物を見つけ、職場の立ち居振る舞いや言動などを、秘かに参考にする方法もあるでしょう。特に積極的に近づいて懇意にならずとも、自分で「あの人のこの部分を参考にしよう」とか、「盗んでやろう」とターゲットを決めるのです。

これは憧れとは少し違います。憧れというと自分とはかけ離れた上の人間、はるかに実力が高い人物に抱く感情です。私の実感として、自分の能力を2割くらい上げてくれるような人物がメンターとして適任だと思います。

あまりに実力がかけ離れている人物は実際的なメンターとしては難しいし、むしろ負荷がかかりすぎてマイナスになることもあります。

これは見逃しがちなのですが、自分の親もメンター候補として検討してみる価値があります。これまでの親子という関係を抜きにして、一人の人生の先輩として親を見ると、意外に学ぶべきところがあるのです。

その意識を持って自分の両親を見直してみてください。父親なら一緒にお酒を飲みながらでも話してみるのもいいかもしれません。若いころの人生の選択や、仕事に対する考え方、人とのつき合い方や家族に対する考え方など、意外に参考になるかもしれません。

親といっても家族や家庭を顧みない無責任な親もいることはたしかですが、少なくともまっとうに生きている親であれば、一度じっくり話してみてはいかがでしょうか。

私が影響を受けてきた恩人たち

なぜ私がこれほどメンターの大切さを力説するか？　私自身がこれまでの人生で、たくさんの師と仰ぐべき人たちと出会い、成長することができたと実感しているからです。

さかのぼれば中学時代の塾の先生方。国語の先生からは小説の面白さを、数学の先生からは常識にとらわれない発想力を学びました。母親に連れていかれた教会で知り合った牧師からキリスト教について学び、日本社会党に所属し活動していた母方の伯父からはマルクス主義について学びました。中学生時代にこれらの人たちから学んだことが、今の私の基礎になっていると言えます。

同志社大学神学部では、さまざまな先生にお世話になりましたが、なかでも野本真也先生は仲間が学生運動で逮捕されたときなど、真剣に向き合っていただき適切なアドバイスと助力を受けました。しかも、そうした姿をあまり人に見せない。尊敬し信頼できる方の一人で、今でも何かあると相談をしています。

外務省ではモスクワの日本大使館時代の大使であり、上司だった東郷和彦さんに仕事に対する取り組み方、厳しさを教えてもらいました。印象に残っているのは、私が過労で倒れて入院しているときのこと。東郷さんがお見舞いにきてくれたのですが、「健康管理も実力のうちだ。仕事の途中で倒れられると、いないよりたちが悪い」と厳しい指導を受けました。

それは、つい仕事をしすぎてしまう私に対する、東郷さん流の心を鬼にした気持ちの表れだったのでしょう。単に優しいだけでなく、ときにはこうした厳しい言葉を投げかけてくれるのも、大事なメンターの役割の一つです。

ブルブリスから学んだ本当の「強さ」とは

外務省時代に一番影響を受けたのは、前述したゲンナジー・ブルブリスでしょう。

1992年10月、ロシアでエリツィン大統領に批判的な勢力がクーデターを起こしたとき、ブルブリスはうろたえるエリツィンに代わって指揮をとった。ロシアのホワイトハウスを砲撃、多数の死者を出しながらも制圧に成功したのです。

その晩、私が報告書を書くために大使館で作業していると、ブルブリスから電話があった。「マサルは神学部出身だったね。今回、私の判断で多くの血が流れた。神から見て私の判断は許されるだろうか？」

あのとき、ブルブリスが戦車部隊を動かさなければロシア全土で内戦が起き、数十万人の死者が出たかもしれない。ひとしきり沈黙したあと、「いずれにしても、この血に対する責任を私もエリツィンも背負っていかなくてはいけない。夜分に失礼した」と言って電話が切れました。

政治を司る人間は、ときに悪を犯さなければならない。そのとき、けっして自分を正当化して、悪を善だと強弁してはいけない。私は悪の現実を受け入れる強さと覚悟をブルブリスから学んだのです。

よきメンターと巡り合うための心得

振り返ってみると、私は実に多くのメンターに恵まれたと実感しています。人生の機微を多くの先人たちから学ばせてもらった。それはある種の偶然や幸運もあったでしょう。

よきメンターに巡り合い、よい関係を築くうえで必要なことは何か？　それは、ある種の「素直さ」だと思います。

相手を尊敬し、相手から真剣に学びたいという姿勢、ひたむきな気持ちがあるかどうか？　それは敏感に相手に伝わります。教えたことを素直に学び、自分に取り込もうと頑張る姿、そして成長していく姿に、相手もその気になって真剣に向き合ってくれます。

また、自分をさらけ出せる潔さも必要でしょう。知らないということを認められるかどうか、ということでもあります。

よく、人から何かを教わると、いかにも知っていたかのように振る舞う人がいます。自分を大きく見せたいということでしょうが、あまり効果はありません。

反対にかわいがられるのは、自分が知っていることでも知らなかったように反応できる人です。「そうなんですか。勉強になります」「なるほど、驚きますね」など、教えてくれた相手を持ち上げるのは、ズルいのではなく優しさや礼儀の一つです。

ただし、誤解してはいけないのは、単に「教えてほしい」と甘えるだけではダメだということ。優秀な人ほど忙しい。相手の貴重な時間を奪うことになると肝に銘じておくべきです。

相手から見て「こいつは面白そうだ」とか、「いい質問をするな」と期待を抱かせるくらいのものがなければいけません。私も人からよく質問されることがありますが、最近はあまりに基本的で幼稚な質問が多いようです。しっかり勉強しているなと唸らせるような質問を投げかけてくれると、こちらもついつい話をしてしまう。

結局のところ、相手から引き出すには、自分自身が相応のレベルになっていなければいけません。そのためには、繰り返しになりますが、たくさん本を読むこと、たくさんの人とつき合い、引き出しを多く持つことが大事なのです。

上手にケンカできる人が生き残る

40代の人間関係では、上手に人と交渉したり駆け引きしたりする技術も必要です。もっと言うなら、上手に相手とぶつかることができるかどうか。仕事ができる人は、物腰柔らかく接するときと、毅然とした態度を見せるべき場面を使い分けています。

取引先や他の部署の人と渡り合ったり、ときにはぶつかったりしなければならない。そこで腰が引けて相手につけ込まれたり、逆に角を立てすぎて後で面倒なことになってしまったり……。上手に交渉する力、ケンカする力が必要なのです。

役所にいたときはぶつかり合いが結構ありましたが、たいてい他省庁や他部署との利害の衝突です。係官同士がまず大声でやり合って、課長補佐くらいまでは激しくやり合います。ところがその話が課長クラス以上に上がると、「適当なところで手を打とう」という感じで収めてしまう。

一種の儀式みたいなものです。お互い立場を明確にするという意味でも、とりあえず現場レベルでは激しくぶつかる。でも落としどころがたいてい決まっていて、最後は予定調和的に課長のところでシャンシャンで終わる。

外交の現場では、こういう場面がしょっちゅうありました。怒ったふりをして相手をけん制し、出方を見る。たとえばロシアからのビザ発給申請を何らかの理由で日本の外務省が拒否したとしましょう。しばらくして、今度はこちら側からロシア側にビザ発給を申請するとなかなか下りない。特に何か問題があるとは思えない人物なのに、なぜかビザが発給されないのです。

外交の世界では「目には目を」が常識なんですね。だからこっちも「ああ、そう。やっぱりね」となる。お互い一発ずつ打ち合って、たいていそこでおしまいです。

ケンカというのは落としどころ、ゴールが見えていなければダメ。感情で怒るのではなく、役割や立場でぶつかる。お互いわかっているからエスカレートしません。一見声を荒げても、それはパフォーマンス、演技です。だからいい外交官はいい役者でもある。

「大人のケンカ」ができない人が増えている

ところが大人のケンカのやり方がわからない人もいます。飲み屋で口論になってキレたり、カッとなって相手を殴ったり。こうした事件が増えている気がします。自分の感情をコントロールできない人は、まっとうな交渉も、まして大人のケンカもできません。

外務省でも、やたらと怒鳴り散らすような人は「あの人は情緒不安定だから」という評価になりました。そう言われたらすでに人間的信用力ゼロ。出世の道は閉ざされます。

ケンカする相手を間違えている人もいます。正義感に駆られて、会社や上司に反抗したりケンカを売ったりする。組織に属している限り、絶対に上司とケンカしてはいけません。

私は一見すると国家権力と戦ってきたかのように思われがちですが、とんでもない。本当にケンカしていたら、おそらく検察はどんな理由をつけてでも、執行猶予なしの実刑で私を1年でも2年でも刑務所に送り込むことができたはず。

そんなことは絶対に避けたい。ただし、ほとんどの人は検察という権力を前にすると力が抜けて言いなりになってしまう。でも、私は外交の世界でいろいろ経験があったし、自分なりの鉄則がありました。

どうしても譲れない線だけは譲らない。検事が高圧的に出たら、「一切黙秘する」というメッセージを態度で示す。そして、それらを尊重してくれれば基本的には協力的な態度で臨む。

これらの基本的なシグナルを私はいろいろな形で担当検事に送りました。相手の検事も優秀な人でしたから、私と折り合いをつけることが一番合理的で無駄がないということを理解してくれたのです。

これはケンカというより駆け引きです。冷静に自分と相手の目的と利害を見極めて、ギリギリのところで落としどころを探っていく。外務省で身につけた交渉術でもあります。

組織と戦うときは局地戦で挑むしかない

組織とケンカをしてもまず勝ち目はありません。ただし、勝てないまでも引き分けに持ち込むことなら何とか可能です。そのためのポイントは、局地戦で勝負すること。戦う範囲を絞り込み、その一点突破を試みるわけです。

陸山会事件に巻き込まれた石川知裕氏のことを覚えているでしょうか？　石川氏は北海道11区から選出された衆議院議員でした。２０１０年の小沢一郎氏の政治資金管理団体に絡む陸山会事件において政治資金規正法違反で起訴され、２０１４年に有罪が確定しました。

事件そのものが小沢氏を追及するための国策的な側面が強く、まさに鈴木宗男事件における私のように、本丸へ迫るための布石として容疑者に仕立て上げられたと私自身は考えています。

ただし、国家がシナリオを描いて国策捜査を進めている場合、もはや全体的に勝てる見込みはありません。

そこで石川氏は局地戦で戦ったわけです。その方法が、事情聴取のときにＩＣレコーダーを忍ばせておいて、検事の言動を録音しておくこと。それによって、小沢氏の裁判における捜査報告書に、石川氏が言っていないことが書かれていたと判明するのです。

結局、石川氏の有罪判決自体は覆らなかったのですが、小沢氏の方は無罪を勝ち取ることができた。捜査報告書のねつ造が明るみに出たことで、担当検事は辞職しました。表向きは検事の個人的な判断でやったことだとされましたが、国策捜査において、はたして担当検事が勝手にそんなことをするでしょうか？

局地戦で痛烈なカウンターを喰らわせることで、検察の強引な捜査を世間に印象づけることには成功しました。

ウソをつかないことが絶対条件

ケンカや交渉をする際に大事なのは、ウソをつかないことです。この検事のようにウソをついたことが明らかになると、一気に形勢が不利になります。

外交の世界でもウソをつかない範囲で相手の話を煙に巻いたり、ごまかしたりするテクニックが用いられます。どんなに激しい交渉でもけっしてウソをつくことがないのは、それが一線を踏み越えてしまう行為だからです。

まず、ウソをついてしまうと、それを隠すために大変な労力が必要になる。そしてウソがばれたら弱みを握られることになるので、交渉は相手のペースになってしまいます。

逆に言うなら、相手にウソをつかせることができれば交渉事で優位に立てます。ウソをついた証拠を握ることができたら、それは非常に強力な武器になる。

夫婦の間でも、相手のウソを発見することで優位に立つ、あるいは立たれる局面があります。ある日奥さんが夫のスーツをクリーニングに出そうとポケットを調べたら、昨晩イタリア料理店で食事をしたレシートが出てきた。昨日は残業で遅くなると言ってたけど……。

そこで奥さんはいきなり問い詰める前に、「昨日は忙しかったの?」「大変だったんだよ、遅くまで」「食事はどうしたの?」「カップラーメンですませたよ」と話を振ってウソをつかせたあと、「ずいぶん高いカップラーメンね?」と言いながら、証拠のレシートを見せる。最初にレシートを見せたら、とっさに何かしらの言い訳をされて追及できないかもしれません。あえて相手を泳がせて、ウソをつかせるというテクニックがあるわけです。

ウソをついたことが完全にばれてしまった夫の方は、もはやすっかり戦意喪失してしまうでしょう。

ケンカに強い人は攻めよりも守りを固める

相手とぶつかる際に大切なのは、「攻め」ではなく、実は「守り」。「攻め」には強いけど「守り」には弱いという人がいます。会社におけるリアルな話で言うなら、領収書の出し方一つにもそれが表れます。

「守りに弱い」というのは、言い方を換えると「脇が甘い」ということ。白紙の領収書などに適当に金額を書いて出す。最近はどこの経理もずいぶん厳しくなっていて、昔ほどではないにしても、それでも「甘い人」はいるようです。

経理の人は長年たくさんの領収書を見ていますから、ほぼ直感的にあやしい領収書だとわかる。それが通るのは、ただ単に見逃してくれているだけ。それが一度通ったからといって、「意外に簡単だな」などと調子に乗ってしまうと、その脇の甘さが命取りになりかねません。

たとえば何かの折に、会社や組織とぶつかったとする。そんなとき、会社は一気に過去の領収書を調べ上げることがあります。あやしいものに関しては、直接店に問い合わせる。そして明らかに偽造だとわかったら、それは決定的な証拠になります。

領収書に手を加えたり、ねつ造したりした場合は有印私文書変造罪、有印私文書偽造罪で懲役3カ月から5年以下。さらにそれを会社の経理に提出してお金を得た場合は、偽造私文書等行使罪となります。

こうなると、もはや完全に勝負あり。全額返金したうえで閑職に回される程度なら御の字だと思ってください。損害金額によっては解雇、最悪の場合は刑事事件で訴追されることもあるでしょう。

ウソがばれないようにする方法

ケンカ上手な人は、相手のウソを見抜くテクニックを身につけています。たとえば警察や検察の取り調べにおいては、時間を置いて、同じような質問を何度も何度も繰り返しされます。

人間の記憶というのはかなりあいまいです。もし、「山田さんと会ったのは先月の30日の午後5時です」などと、ありもしないことを最初に答えたとしましょう。そこから数日たって、取調官がまた何気なく同じ質問をするのです。

こちらは前に同じ質問をされたことさえ忘れてしまっている。そうすると、前とは違う内容の答えになってしまうのです。山田さんが鈴木さんになったり、30日が31日になったり、午後5時が3時になったり……。

その矛盾を相手はしっかり突いてきます。ですから、ウソをついたらそのウソを自分自身でしっかり記憶しておかなければなりません。ウソをつくと、この記憶を保つという作業が非常に負担になってきます。

ですから、もし相手とのやり合いでウソをついたり、つくり話をしたりした場合は、自分が言った内容をメモしておくことが重要です。もちろんウソをつかないことがベストですが、やむを得なかった場合は、ウソの内容を絶対に忘れないようにしましょう。

ウソをつくつもりはなくても、つい前と矛盾したことを言ってしまうこともある。それでも「ウソをついた」と攻撃され、不利な立場に追い込まれるかもしれません。ですから、私は拘置所に勾留されて取り調べを受けたとき、自分の話した内容、特に数字や固有名詞は絶対に忘れないよう心がけました。

ただし、房の中ではノートに書いておいても検閲があるので、本当に重要な事項ほど書けないという事情がある。そこで私がしたことは、自分が喋った内容を房の中で時折ブツブツとつぶやくこと。反芻することで記憶に定着させました。

一番強いのはケンカをしない人

ここまでケンカの仕方について述べてきましたが、最終的に一番強いのはケンカをしない人です。「ケンカをする必要がない人」と言ってもいいかもしれません。圧倒的に立場が強かったり、優位に立っていたりすると、ケンカを売られることもなくなるし、ケンカしようとも思わない。「あの人とケンカしたら損をする」と思わせる、つまり抑止力を持つことが大事です。

圧倒的に立場が強いということになると、結局、地位や権力を身につけろということになりそうですが、誰もがそんな立場や力を得られるわけではありません。地位や権力がない人は抑止力を持つことができないか？

実は方法があります。周囲の評価や人望、人気などは、地位や権力に勝るとも劣らない力になりえます。誰でも人気や人望がある人に対しては一目置くでしょう。その人と対立するとその周囲の人も敵に回してしまうとなれば、それは大きな抑止力になります。

人気や人望というのは、地位や権力などの肩書とは関係ありません。ただし、人間性や魅力、能力が備わっていなければなかなかできないことでもあります。ある意味、地位や権力を持つことより難しいかもしれない。

また、日常のやりとりのなかで、ケンカをしなくていいようにもっていく方法もあるはずです。相手に対して「お前、ウソは言うなよ」というと角が立つしケンカになりますが、「お互い正直にやりましょう」と握手すれば、同じ意味合いでもまったく違った表現になります。同じ内容でも、言葉一つで相手の受け取り方が違ってくるのです。

自分の考えや意思を通したいのであれば、やり方がいくらでもある。たとえば私なども失礼な原稿依頼に腹が立つときがあります。でも、そこで怒ったりすれば余計な反感を買ってしまいます。

そんなときは、納期や内容などで相手が飲めない条件をやんわり提示する。条件が合わないということであれば、今度条件が合ったときにぜひということで、お互い遺恨を残さずにその場をクリアすることができるのです。

「賢者は争わない」という言葉がありますが、正面からぶつからず、自分の考えと目的をどう達するか？　ときには演技やパフォーマンスを織り込みながら、冷静で戦略的な駆け引きができるかどうかが大切です。怒った瞬間、あなたの負けだと考えてください。

女性と上手な関係を築くコツ

人間関係において、これからは男性が女性とどうつき合うかということは、大きなポイントになってくるでしょう。

外務省時代は、不倫などで女性とトラブルを起こし、苦労していた政治家や役人を何人も見てきました。なかには完全なセクハラ、パワハラもあった。男性上司が新人の女性に語学を教えてやると呼び出して無理に関係を迫ったり、歓送迎会だと言って部下の女性を店に呼び出したが実は二人だけで、その後ホテルの部屋に無理やり誘ったり。

もはや犯罪です。さすがに今は社会の目がかなり厳しくなってきているので、このようなことはすでに過去のことになっていると信じたいですが……。

セクハラ、パワハラは男性が女性にするものだと考えがちですが、少し前にある女性議員の秘書に対する暴言、暴行が世間を騒がせました。結局その女性議員は次の選挙で落選してしまいました。

政治の世界が力の理論、すなわち男性性の強い世界であることは事実です。そのなかで頭角を現すには、女性は場合によっては男性以上に男性的でなければならない。暴力的な女性議員が生まれた背後には、それを生み出す構造があるのです。

現代の社会は男女平等が建前ではあっても、やはり基本的に男性の論理が前面に出てきます。ところが、意外にも男性の側はそのことに鈍感なのです。

たとえば安倍政権が進めている「働き方改革」などはその典型でしょう。一見すると、たしかに女性の社会進出を奨励していますが、その本音は少子高齢化を補うべく、女性労働力をできるだけ活用したいということにすぎません。

経済の成長や拡大を最大の目標として、それを実現するための労働力を確保する。その発想自体が成長至上主義的、男性的な価値観に基づいています。そのような男性的原理が色濃い社会において、そこで頑張ろうとする女性はイヤでも男性化しなければ生きていけないのだと思います。

官製キャンペーンの稚拙さ

内閣府の「男女共同参画局」というところが出した、「おとう飯《はん》」キャンペーンを知っていますか？　日本の男性の家事参加時間は1日あたり平均67分で、欧米より少ないそうです。これを平成32年に2時間30分にしようとするもので、お父さんもどんどん家庭で飯をつくれというキャンペーンなのだそうです。

そのウェブサイトにある「おとう飯の心得」というのが傑作で、「手早く、簡単に、リーズナブルな食材で、家の調味料を使い、後かたづけもきちんとする」というのがポイントだとか。

女性の社会進出を実現するために、男性も家事労働を手伝う必要があるというのはわかります。でも、家でどちらが食事をつくるのかというのは、それぞれの家庭の問題でしょう。共働きなら外食ですませてもいいわけです。

いつの時代も、こうした「官製キャンペーン」には品がありません。それは、「国民の生活は自分たちが統制しコントロールしなければ」と思い込んでいる、為政者やエリートたちの傲慢さがにじみ出ているからでしょう。

このように盛り上がりに欠けた稚拙なキャンペーンでも、大手広告代理店を使うなどして結構な額の税金が投入されているはずです。

女性への偏見をなくしてくれたある人物

私たちの社会、特にビジネスや政治の世界は、男性が考える以上に男性原理が支配的だという認識を持つべきだと考えます。

このような社会や意識の構造を見すえたうえで、今の女性たちの行動を見極め、解釈する必要があります。その本質を見事にとらえた小説が、柚木麻子さんの『ナイルパーチの女子会』（文藝春秋）です。

ナイルパーチというのは白身の淡水魚で本来は狂暴ではないのですが、アフリカのヴィクトリア湖に放流されると他の魚を食べつくし、生態系を破壊した狂暴な魚として悪評が高まったそうです。

環境が変わると狂暴に変身する。作品中の女性たちも男性優位の競争社会に取り込まれるなかで、いやがうえにも狂暴に、異常になっていく。作品は一見すると女性同士の関係の怖さや暗さが浮き立って見えますが、それはまさにナイルパーチが人工的に違う環境に放流され、狂暴化したこととパラレルに描かれています。

私は「男性とはこういうもの」「女性とはこんな生き物」だという、性別による決めつけはしたくありません。それよりも、環境や社会的な背景、構造が大きいと考えます。

このことを学んだのは田中眞紀子さんの存在も大きかった。

「すべての女性が必ずしも優しいとは限らない」ということを、身をもって体験しました。ある意味、女性に対する偏見がなくなったわけです。

「弱者」「少数者」の目線で世界を見る

女性の「優しさ」と「強さ」を実感させられたこともあります。

私が偽計業務妨害の容疑で東京拘置所にいたとき、外務省の同僚で支援してくれたのは女性職員ばかりで、男の職員は見事に誰も何もしない。下手に当時の私に関わると、役人生命に影響します。いざとなると臆病なのは男で、大胆で勇気があるのは女性なのです。

彼女たちの「優しさ」と「強さ」の源泉がどこにあるかというと、それはやはり「強者」の論理と理屈で動いていないということが大きい。「弱者」や「少数派」であるという思いがあるからこそ、「優しさ」や「強さ」が生まれると言えるのかもしれません。

みなさんの職場でも、コースから外れたところでマイペースに仕事をしている女性がいないでしょうか。そうした人は残業もしないで早々に帰ったり、海外旅行に行くと突然有休を続けてとったりする。男性的な目線からすると、ずいぶん勝手でわがままに見えるかもしれませんが、そこそこ仕事をこなしている限り、無理に彼女たちのペースを変えようとしないことです。ほどほどの距離感でつき合っていくと、彼女たちの余裕や優しさが、人や組織を救う場面が出てくることがあるはずです。

政治や行政の世界に限らず、現代社会は男性が感じている以上に男社会の価値観によって形作られています。そのことを意識し、そのうえで世の中を少し違った視点で見るクセをつけておきましょう。

私がおすすめするのは、できるだけ女性の友達を持つことです。しかもセックスを絡めない純粋な話し相手がいいですね。そういう女性とたまに食事をすると、男同士では得られない情報や考え方、新鮮なものの見方を知ることができます。

女性から信頼されるポイントは、「セクハラ」「パワハラ」「えこひいき」という三つの地雷をふまないこと。この三つから縁遠いと認識されるような男性は、確実に女性からの信頼を得られます。

つまり、「強者」の立場と論理に立たないこと。ありのままの相手の姿を尊重すること。人間、地位や権力を持つほどこれができなくなっていくものです。残念ながら、今の多くの政治家を見れば、そのことは明らかでしょう。

「人づき合い」を考えるための本①

『極道放浪記〈1〉殺られてたまるか！』

浅田次郎／幻冬舎アウトロー文庫

経験できない裏社会を疑似体験する

アウトローとして生きる主人公が、裏社会のカラクリのなかで悪戦苦闘しながらたくましく生き抜く様子を描く。著者自身の20代のころの体験をふまえており、さまざまな裏社会を生きる人間たちの激しく痛快な生き様を描いている。そのなかで人をいかに脅し、騙し、ときには命がけのケンカをしながら、自分のペースに巻き込んでいくかという極道の道が描き出される。

社会のレールの上をただ走っているだけではとうてい見ることができない人間の実相を、ときに激しく、ときにユーモラスに描き出す。

直接この話の真似はできないし、またその必要もない。ただし、極道という極限の世界における駆け引きや戦いを知ることで、いざというとき人はどう戦うべきか？ケンカの達人たちの生き方から、ケンカの本質と極意がわかる。

「人づき合い」を考えるための本②

『ナイルパーチの女子会』

柚木麻子／文藝春秋

競争社会で変質していく女性の姿

丸の内の大手商社に勤める志村栄利子（30歳）の楽しみは、同い年の主婦“おひょう”こと丸尾翔子の人気ブログを読むこと。偶然急速に親しくなった二人だが、ちょっとしたボタンの掛け違いから、やがて二人の友情は思わぬ方向へと進んでいく。

最近の若者に共通する傾向として、真面目であるがゆえに友達をつくれず、友情に過剰に期待してしまうことがあるという。ただし、その背景にあるのは女性特有の粘着質な関係というステレオタイプなものではなく、男性のつくり上げた競争社会で生き抜くうちに、バランスを失ってしまった女性の悲劇だ。

ナイルパーチとはスズキ目アカメ科の淡水魚。もともとは普通の魚だったが生態系の競争に巻き込まれ、周りの魚を食い荒らす凶暴性を持つに至った。競争社会で変質していく女性とその関係を描き、現代に生きる女性を知るうえで大いに役に立つ一冊だ。

第7章

「豊かな50代」は40代のすごし方で決まる

家計はこれからますます厳しくなる

これまで、40代の生き方や仕事の仕方を考えてきました。それは結局のところ、来るべき50代に向けてどう準備するかということでもあります。さらに言うなら、50代以降にどう仕事をして、どう生きていきたいか？　そうした問いかけにもつながってきます。

この最終章では将来を視点に置きながら、40代を生き抜くポイントについて探っていきましょう。

今、政府は公務員の定年退職を65歳に引き上げようとしています。平成30年にも実現しそうですが、そうなると一般企業の定年も65歳という流れになる。それには、年金受給開始が70歳になることが背景にあると見ています。

定年が延長されるというのは一見いいことのようですが、その背景には何のことはない、公的年金制度の逼迫という事情があるわけです。

それによって何が起きるかといえば、おそらく50代の賃金がいっそう抑えられることになるでしょう。結婚して子どもがいる人は、教育費などおそらく一番お金がかかる時期。

そのようなときに、前の世代のような十分な賃金を確保できないわけです。

しかも、教育費は年々上がっています。文部科学省令や同省の調査によると、国立大学の学部の年間授業料は53万5800円。入学金が28万2000円。私立大学の平均は約75万円で、入学金は約40万円となっています。私立では、今後20年ほどで授業料が3倍近くになると予想しています。

これによって何が起きるかというと、教育の右肩下がり。これは明治時代以降、日本が初めて直面する現象です。これまでは自分の祖父母より親の方が高い教育を受け、その子どもである自分たちは、さらに親より高い教育を受けてきました。ところが、子どもの受ける教育が親のレベルに達しないという現象が起きかねないわけです。

このような厳しい時代に、それでも子どもに何とか高い教育を受けさせたいと考えるなら、まずはお金の問題をクリアしなければなりません。奨学金があると言うかもしれませんが、大学卒業と同時に数百万円もの借金を背負う、ということにもなりかねません。

大学を出たものの、いきなり多重債務者のような大きなハンディを背負って社会人をスタートすることになってしまう。これではあまりに酷でしょう。

繰り返しになりますが、40代でどうしてもやっておかなければならないのはお金の計算です。収入と支出を考えながら、住宅ローンをしっかり返済できるのか？ 子どもを大学に進学させる場合、いくら必要なのか？ 足りないお金があるとしたらどうやって補うのか？ 手当てをしておかなければなりません。

地方がこれからの時代を生き抜くカギ

逆転の発想で、地方に移住することも一考に値するでしょう。地域によっては意外に教育が充実していて、しかも生活費が安い。親元に住むなどして住居費を抑えられれば、限られた収入でもやっていく計算が立ちます。

これからの生き方を考えるうえで、地方はすごく重要になってきます。実は今、優秀で面白い人材がたくさん地方に移っている。地方には、ユニークな商品展開でスモールビジネスやオンリーワンビジネスで成果をあげている企業がたくさんあります。

一極集中が進み飽和状態にある東京は、政治的にも経済的にも統制と管理が進み、自由に仕事をすることが難しい環境になってきている。

かつて、若者は自由を求めて東京などの都会に出てきましたが、今は逆に何らかの束縛から逃れるように地方を目指す人が増えているようです。少なくとも、都会は昔ほどの魅力的な生活圏ではなくなってきていると思います。

実際、大企業を早期退職して地元に戻り、農業や農業関連ビジネスなどで成功している人もいます。農業は儲からないという先入観を覆し、生産から加工、流通、販売まで一貫して行ういわゆる「6次産業」で、大きな利益を上げているケースもある。これは都会では絶対にできないビジネスモデルです。

あるいは、情報関連やクリエイティブ関連の仕事なら、家賃の高い都心に部屋や事務所を借りるのではなく、安い地方都市や里山に拠点を構える。仕事の連絡ややりとりはPC一つでどことでも、どんな情報も瞬時に送れる時代です。

自分は営業職だから簡単に独立できないよ、という人もいるでしょう。そういう人は、先ほどのような地方の優良企業を探してみるのもいいと思います。第1章でもお伝えしましたが、地方の企業は人材不足で困っているところが多い。首都圏の仕事を通じて人脈や顧客を抱えていれば、すぐにでも力を貸してほしいという企業も少なくないはずです。

都会に住む40代の人は生活圏を都会に縛るのではなく、いろいろな可能性をシミュレーションしてみましょう。自分の生まれ故郷でもいいですし、パートナーの故郷や実家でもいいのです。昔ながらのツテや人脈が大いに力になるかもしれません。

「健康管理」にお金をかけるのは最大の投資

40代でやっておくべき最大のことは、実は「健康管理」です。

ビジネスパーソンに想定される一番の損失は体をこわすことです。40歳で年収400万円の人がいたとしましょう。病気を患ってそこから仕事ができなくなってしまうと、稼ぎ損ねた額はいくらになるか？ 60歳までこれ以上は年収が上がらないと計算しても、8000万円にもなります。

健康管理も実力のうち。暴飲暴食や不規則な生活をしているようなら、すぐにあらためる必要があります。

まず最低限、会社の健康診断はしっかり受けること。なかには、会社の健康診断は義務ではないと受けない人もいますが、あまりにも意識が低い。自分の体と向き合うことは、40代以降の人の務めです。会社勤めではない人には、自治体が行っている健康診断があります。

ただし、会社の健康診断は本当に最低限のものでしかありません。短時間で大量に診断するので、どうしても漏れが出てきてしまう。健康診断をしっかり受けていたのに、その後進行ガンが発見され手遅れになってしまったというケースもあります。職場の健康診断だけで全面的に安心することはできません。

会社の健康診断以外に、できれば年1回は人間ドックで診てもらいたいところです。会社の健康診断とは比べ物にならないほどていねいに診てくれます。自分のかかりつけの医者を持つことができるとベストです。

そこで、体の各部位の数値を把握しておく。肝機能の各数値やコレステロール値など、自分のウィークポイントを知ることが大切です。私の場合は腎臓の機能低下をケアする必要があるので、今後年齢を重ねていったときにどんなことが起こり得るのか、最悪のケースを含めてシミュレーションしています。

そこから、日常生活で気をつけるべきこと、食べるといいものと食べてはいけないものなどが明らかになってくる。持病やウィークポイントに応じて、いざというときにかかる病院まで想定しておくことも必要でしょう。

これから重要な予防医学の意識

意外に大切になるのが歯の健康です。50歳をすぎると急速に歯が悪くなる。60歳になってから治療すると大変です。インプラントを入れると1本約100万円。5本入れたら500万円。この金で高級車が1台買えます。

40代、50代でしっかりケアしておけば、60代でそれほどひどくはなりません。おすすめするのは、3カ月に一度くらいの間隔で医者に行って歯石をとってもらうこと。トータルな健康管理においても、余計な治療費をとられないという意味でも、歯を健康に保つということは非常に大切です。

これからは予防医学的な考え方が重要になってきます。病気になってから治療するのではなく、病気になりにくい健康な体をつくるという考え方です。健康診断や人間ドック、歯石除去も予防医学の一つだと言えます。

予防医学は実は米国で発達したものです。ご存じのように、米国には日本のような国民皆保険制度がありません。オバマケアで保険に入れる人の範囲はかなり広がったものの、保険に入るには民間の保険会社に高い保険料を支払うことが必要です。保険に入っていない人は医療費が全額自己負担で、風邪を引いて内科を診療したら、それだけで約2万円。薬代は別途かかります。

そういう状況のなかで、米国人は病気になる前に予防しようという意識が非常に高い。日本人はいざとなったら病院で安く診療できるため、これまで予防という意識はあまり持っていませんでした。

ただし社会保障費の増大で、日本の国民皆保険制度もこれまでのように維持できるかはあやしくなってきています。自己負担額も現在の3割から引き上げられるかもしれません。国としても、できるだけ国民に健康の意識を高く持ってもらい、病気になる前に予防してほしいと考えているのです。

40代を乗り切ったら、さらに50代、60代を病気にならずにすごせるかがポイントです。40代はまさにその点で分岐点。不摂生な生活を送り、肥満や高血圧、糖尿病など、生活習慣病という時限爆弾を抱えた体になってしまうとあとが大変です。

健康に対する知識と情報を備えたうえで、病気になりにくい体をつくる努力を惜しまないようにしましょう。

どんな薬より、まずは質のよい睡眠

その点で、私自身が気をつけているのが睡眠です。健康を維持するうえで、睡眠ほどよい薬はありません。ところが睡眠障害でよく眠れないとなると、体のあらゆるところにダメージが蓄積される。それによって生活習慣病や三大疾病など、あらゆる病気にかかりやすくなるのです。

昼間仕事をしていると強い眠気に襲われたりしませんか？ あるいは最近疲れやすくなったりして、仕事に集中することができなくなったりしていませんか？ 身に覚えのある人は睡眠障害を疑った方がいい。

睡眠障害にはいくつか種類があります。不眠症などのように明らかに本人が眠れないことを自覚しているものもあれば、睡眠時無呼吸症候群のように、本人の自覚がないまま睡眠障害が進行している場合があります。

不眠症の場合は、精神科や心療内科などを受診して睡眠導入剤を処方してもらうことです。いろいろ悩むより、薬を飲んでしまった方が早い。眠れないからとお酒を飲む人が多いようですが、それが続くと今度はアルコール依存症になってしまう可能性がある。

そもそもお酒を飲んでからの睡眠は質が悪くなるため、悪循環です。それなら医師に頼んで睡眠導入剤を飲んだ方がはるかにましでしょう。

一方、睡眠時無呼吸症候群の方は厄介です。本人が自覚がないことが多いため、なかなか気がつかない。一緒に暮らしているパートナーに指摘され、気づくパターンが多いようです。

実は私も睡眠時無呼吸症候群で、専門の病院に通っています。睡眠時の気道を確保する専用の器具があり、それによってよく眠れるようになりました。睡眠不足は万病のもと。この病気を放っておいたら、確実に寿命が縮まっていました。

この病気は肥満体型の人がなるというイメージが強いですが、実は鼻と喉の構造的な問題から起こることも多く、意外にやせ型の人が罹患しているケースも少なくありません。自分は肥満体型ではないから大丈夫だと考えるのは早計です。

少しでもあやしいと感じたら、専門病院で相談するのが賢明です。

自分のストレス耐性を知っておく

睡眠の問題とも関連しますが、これから特に大事になってくるのがメンタルヘルスです。頭が痛い、なんだか体が重い、寝つきが悪い、寝覚めがスッキリしない、会社に行くのが億劫だ……などなど、原因のはっきりしない体の不調がある場合は要注意です。睡眠障害の疑いもありますが、うつ病など、精神的な病気の可能性もあるからです。

このような症状が複数あり、それが続く場合、精神科に行くことを躊躇してはいけません。精神科は敷居が高いため、とりあえず心療内科に行く人も多いようです。しかし、心療内科の場合は、簡単な診察でとりあえず安定剤や睡眠導入剤を処方するだけ、という医師が少なくありません。

もちろんそれらの薬が効くこともありますが、間違った処方をされるケースもある。精神の興奮を抑えるべき人に「抗うつ剤」を処方されたら、大変なことになってしまいます。

うつ病というのは、精神的なプレッシャーを与えられ続け、それがある閾値を超えると誰もが発症する可能性がある病気です。ある人は仕事のストレスが一週間くらい続いた程度でも抑うつ状態になるのに対し、同じストレスを受けてもなんともない人もいます。その人も、一カ月たったところで発症するかもしれません。

遺伝的要素と環境、この二つの因子によって発症するのがうつ病などの精神疾患です。ですから一度、自分の近親にうつ病や双極性障害などの精神病を発症した人がいないか、確認してみることをおすすめします。もしいたとすれば、自分にもその因子があると見て警戒した方がいいでしょう。

仮に因子があるとしても、環境がよくストレスの閾値を超えなければ発症を避けることができます。自分の過去を顧みて、プレッシャーやストレスでめげそうになった経験があったら思い出してみましょう。それがどれくらいのストレスだったか？　一つの目安になるかもしれません。

それ以上のストレスやプレッシャーをできるだけ避けるようにする。仕事をしている以上、難しい部分があるかもしれませんが、少なくとも自分の限界値を想定しておくだけでも予防につながるはずです。

ちなみに私の場合、かなりストレスに強い体質だと自負しています。外務省の過酷な労働環境で仕事をしていましたが、抑うつ状態になることはまずありませんでした。さすがに東京拘置所で512日間勾留され、取り調べを受けていたときは、多少抑うつ状態になった。でも結局、うつ病に罹患せずにすんだということは、私にもともと因子がないか、非常に少ないのだと思います。

おそらく、あのとき以上に精神的なストレスがかかることはまずないでしょうから、私は自分が将来的にうつ病になる可能性は非常に低いと考えています。それでも、少しでも「おかしいな」と感じたら、精神科にすぐに走る。その心構えは持っているつもりです。

介護の問題から目を背けない

もう一つ、40代で考えておくべきこととして、老後はどういう場所で、どういう生活を送るかということがあります。自分が動けなくなったとき、介護を誰に、どのようにしてもらうのか。

40代でこうしたことをしっかり考えている人は、あまりいないかもしれません。ただし、遠い将来だとしても、切実な問題としてやがて降りかかってくることは確実です。情報として基本的なことは知っておくべきでしょう。

すでに家庭があり子どもがいる人なら、老後は子どもと一緒に都会で暮らすのか、自分たちは地方に引っ込むのか。介護が必要になったらどうするか、そしてどこまで子どもに頼るのか、ざっくりとでもイメージしておきたい。

現実問題として、最後まで子どもに面倒を見てもらうというのは難しい。しかるべき介護施設に行くのか、そのときシングルだったらどうするか。一生シングルで通すという人の場合、老後や介護について、家族がある人より早くから考えておくべきです。

養護施設や介護施設といっても、公的施設から民間施設までいろいろな種類があります。公的施設としては、特別養護老人ホームや介護療養型医療施設、介護老人保健施設などがあります。民間では介護つき有料老人ホームや健康型有料老人ホームなどがあり、そのほかにはサービスつき高齢者向け住宅やグループホームなどがあります。

第1章でも説明しましたが、金額も公的施設なら月数万円から利用できるものの、民間では入居一時金が数百万円、月額数十万円するものまでさまざま。いずれも介護の必要度に応じて分けられていて、少し調べればこうした条件がある程度は把握できます。

40代からこれらの情報を知っておき、自分のライフスタイルと照らし合わせながら、将来のイメージを持っておくのです。

人生の折り返し地点である40代は、そこから先の人生をシミュレーションする時期でもあります。右肩上がりの時代であれば、そうしたことを特に考えなくても何とかなりました。でも、これからはシミュレーションをしておかないと、50代、60代で老後破産の危険性が高まります。

老後のことなど考えたくないという人が多いかもしれませんが、先が見通せないからこそシミュレーションする必要があるのです。

50歳になったら「絞り込み」が必要になる

私の経験から言っても、40代と50代では見えてくる景色が大きく変わります。

40代までは、自分の可能性を信じていろいろやってみたいという思いが強いでしょう。ときにはそれが高じて、私のように事件に巻き込まれて足をすくわれる可能性もありますが、40代はいいことも悪いことも一緒に起きてきます。人生の折り返しともいうべき時期であり、いくつかの決断が迫られ、そこでいずれかの道を選択することになります。

ところが50代になると、落ち着きが出てきます。いろいろな意味で自分と周囲が見えてくる。それはひと山越えたという感覚に近いかもしれない。山の頂に立って周囲をもう一度見回す。がむしゃらに登ってきた道を振り返りながら、少し歩を緩めてあたりを見渡すのが50代なのかもしれません。

50歳を過ぎたところで、私の作家としての方向性はある程度固まってきました。それによって、人間関係や行動範囲もなかば必然的に絞り込まれてきた感じがします。

50代になると、ある種の絞り込み作業をしていくことになります。仕事も人間関係も広げていくのではなく、限定していく。

外に向かってあれだけ広げてきた人脈も、もうむやみに広げたいとは思いません。これまでの経験から、本当に大切な人脈、つき合いは自分のなかで確定しています。これからはそんな人たちと、有意義な時間をすごしていきたい。

「残り時間は限られている」という感覚が生まれてくるのが50代だと言えるでしょう。

人生を限定することで可能性が広がる

これを自分の限界ととらえるか？　私はそうではないと思います。たしかに仕事や人間関係をこれまでのようにがむしゃらに広げていくわけではない。上り坂を一生懸命駆け上がるイメージでもありません。

一見後ろ向きのように感じるかもしれませんが、自分の人生の仕上げをするために必要な段階、ステップなのだと思います。自分の可能性を自分自身で限定していく。限定することで、次のステップに移っていくことができるのです。

少し不謹慎な例えかもしれませんが、不倫している人がいたとしましょう。自分の好きなように行動して自由なように見えますが、家庭は険悪で奥さんや子どもともうまくいっていない。そんな人が不倫をやめて、奥さんや家族を大切にすると決めたとします。

これも一種の限定する行為だと言えるでしょう。ただし、それによって世界が狭くなるかといえば実は逆で、むしろ限定することで今まで見えてこなかった世界が見えてくる。家族と一緒にいることの楽しさ、家庭の温かさというものをあらためて実感することで、不倫では得ることのできなかった精神的な安らぎや満足感を得られるかもしれません。

完全なる自由のもとでは、私たちは幸福よりむしろ迷路に入り込んでしまいがちです。大切なものが見えなくなり、自分を見失ってしまうかもしれない。

若いころは、いろいろな可能性を夢見て地方から都会に出てくることでしょう。でも50

歳も近くなると、都会がそれほど夢にあふれたところでもなければ、魅力的なところでもないことに気がつく。そこで再び地方に帰って新しい生き方を始める。

これも一種の限定であり絞り込みかもしれません。でもそうやって限定するからこそ、その地域の自然や環境、人間関係の深さや豊かさにあらためて気がつくのです。

若いころの志向に回帰するのは自然な傾向

「絞り込み」とは、原点回帰だと言える面もあります。私自身、20代のころに興味を持っていたことをもう一度やってみたいと考えるようになりました。その一つが、前にも触れたチェコの神学者であるフロマートカの研究です。

50代になると、若いころの嗜好に再び帰っていくのかもしれません。この年代になると同窓会が再び活発化するのも、そんな傾向の表れかもしれません。子どもが親元を離れ、会社の立場もある程度確定した。がむしゃらに頑張った40代を終えて、ふと周りを見回す余裕ができる。

実際、そうやって同窓会に久しぶりに出てみると、50代になってそれなりに見た目も変わってはいるけれど、意外に本質は変わっていない。特に人格は20歳前後で固まるようで、そのときに損得勘定ばかりでお金に汚かった人間は50歳になっても変わらず、女好きで女性ばかり追っかけていた者は50歳でもやっぱり昔と同じです。友達のために一肌脱ごうという男気のあったヤツは、今でもやはりそうした面を生かしています。

人生の後半でいろいろなものを絞り込んでいくとき、そうした自分の「原型」のようなものに、もう一度立ち返っていくような気がします。それは単なる後退でもないし、妥協でもありません。帰るべきところに再び帰ってくる。そういうイメージかもしれません。

偏見を持たず人生と向き合うには

こういう流れのなかで、50歳を過ぎると不思議なことが起こってきます。これまで関係ないと思われていた人生のいろいろな出来事や人間関係が、実はある種の必然性で結びついているように感じることがあるのです。

「そうか、あのときあの人に出会ったのは、今につながる伏線だったのか」とか、「あのときあんなことが起きたのは、こういうことが起きる前兆だったのか」など、あとから合点がいくようなことが多いのです。

こういう感覚は20代、30代はもちろん、40代でもなかなかわからないでしょう。50歳をすぎて、ようやくわかってくるような気がします。バラバラだった流れが一つの物語に収れんしていく感じで、ミステリー小説を読んでいる感覚に近いかもしれません。

人生がこのようにいい意味で集約され、絞り込まれていくことは、非常に幸せなことだと思います。ただし、50代でいい絞り込みをするには、40代までにある程度広げておくことが必要なのです。

では、人間関係であれ仕事であれ、知識や経験であれ、広げていくにはどうすればいいか？　まずは偏見や先入観を持たないことでしょう。40代になると、ある意味さまざまな知恵がつきます。それは同時に、先入観に毒されてしまう危険もある。色眼鏡で周囲を見てしまうわけです。そうならないためには本当の意味での教養、品性と知性が必要です。そのうえで、いろいろな物事や人たちと真正面から向き合う。

これは私がずっと言っていることではありますが、たくさんの人に会い、そしてたくさん良書を読み、自然や芸術に触れる。感性を柔らかくしておくことが、何より大事です。

「豊かな50代」を考えるための本①

『毎日が日曜日』

城山三郎／新潮文庫

企業と人、組織と個人の関係を問う

総合商社に勤める沖は真面目だが融通がきかない性格で、50歳を前に左遷人事を言い渡されてしまう。一方、昇進もままならない代わりに蓄財や投資に長け、老後に備える先輩の笹上。そうした二人を軸にしながら、また彼らの同僚や家族など周辺の人々も微妙な伏線としつつ、物語は展開されていく。

そのほか、第一線を退きつつも今なお会社に執着する相談役と、スマートな処世術にも長けた現社長など、さまざまな人間模様と葛藤が展開されながら、やがて主人公にも一種の諦念が生まれてくる。経済原理と競争意識のなかで、組織と個人の関係、本当の幸福など、永遠の謎が読者に問いかけられる。

舞台はまさに高度経済成長のただなかであり、現在の日本の状況とはかけ離れている。しかし一読すれば明らかなように、そのテーマはむしろ現在の私たちの胸に鮮明に迫ってくる。

「豊かな50代」を考えるための本②

『佐藤優 選 ―自分を動かす名言』

佐藤優／青春出版社

40代こそ先人の知恵が役に立つ

人生にはつらいとき、苦しいときがある。一人で悩むのではなく、知恵ある人に相談するのが一番。しかし残念ながら、身近にいないときがある。そんなときは歴史的な偉人たちの言葉に触れてみよう。

本書は古今東西の偉人、賢人の名言を、「男と女」「仕事の決断」「教育」「老い」などの人生のさまざまなテーマでまとめながら紹介している。

一生心に残る、珠玉の言葉が見つかる一冊。著者が選んだ古今東西の偉人賢人の言葉集。

「敵には一度、友には何度でも注意しろ」（パレスチナの諺）

「愛とは、この女が他の女とは違うという幻想である」（H.L.メンケン）

「決断力のない君主は、多くの場合、中立の道を選ぶ」（N.マキャベリ）

珠宝の言葉が人生の指針、力になってくれる。

青春新書
INTELLIGENCE

こころ涌き立つ「知」の冒険

いまを生きる

〝青春新書〟は昭和三一年に──若い日に常にあなたの心の友として、その糧となり実になる多様な知恵が、生きる指標として勇気と力になり、すぐに役立つ──をモットーに創刊された。

そして昭和三八年、新しい時代の気運の中で、新書〝プレイブックス〟にその役目のバトンを渡した。「人生を自由自在に活動《プレイ》する」のキャッチコピーのもと──すべてのうっ積を吹きとばし、自由闊達な活動力を培養し、勇気と自信を生み出す最も楽しいシリーズ──となった。

いまや、私たちはバブル経済崩壊後の混沌とした価値観のただ中にいる。その価値観は常に未曾有の変貌を見せ、社会は少子高齢化し、地球規模の環境問題等は解決の兆しを見せない。私たちはあらゆる不安と懐疑に対峙している。

本シリーズ〝青春新書インテリジェンス〟はまさに、この時代の欲求によってプレイブックスから分化・刊行された。それは即ち、「心の中に自らの青春の輝きを失わない旺盛な知力、活力への欲求」に他ならない。応えるべきキャッチコピーは「こころ涌き立つ〝知〟の冒険」である。

予測のつかない時代にあって、一人ひとりの足元を照らし出すシリーズでありたいと願う。青春出版社は本年創業五〇周年を迎えた。これはひとえに長年に亘る多くの読者の熱いご支持の賜物である。社員一同深く感謝し、より一層世の中に希望と勇気の明るい光を放つ書籍を出版すべく、鋭意志すものである。

平成一七年

刊行者　小澤源太郎

著者紹介

佐藤 優〈さとう まさる〉

1960年東京都生まれ。作家、元外務省主任分析官。85年、同志社大学大学院神学研究科修了。外務省に入省し、在ロシア連邦日本国大使館に勤務。その後、本省国際情報局分析第一課で、主任分析官として対ロシア外交の最前線で活躍。2002年、背任と偽計業務妨害容疑で逮捕、起訴され、09年6月有罪確定。現在は執筆や講演、寄稿などを通して積極的な言論活動を展開している。

40代《だい》でシフトする
働《はたら》き方《かた》の極意《ごくい》

青春新書
INTELLIGENCE

2017年12月15日　第1刷
2018年1月20日　第4刷

著者　佐《さ》藤《とう》　優《まさる》

発行者　小澤源太郎

責任編集　株式会社プライム涌光

電話　編集部　03(3203)2850

発行所　東京都新宿区若松町12番1号 〒162-0056　株式会社青春出版社

電話　営業部　03(3207)1916　振替番号　00190-7-98602

印刷・中央精版印刷　製本・ナショナル製本

ISBN978-4-413-04529-2